AF522773

Die Entdeckung der Kopflosigkeit

Douglas E. Harding

Die Entdeckung der Kopflosigkeit

Einfach sehen wer ich wirklich bin

Omega

Bibliographische Information der Deutschen Bibliothek

Die Deutsche Bibliothek verzeichnet diese Publikation in der Deutschen Nationalbibliografie;
detaillierte bibliografische Daten sind im Internet über
http://dnb.ddb.de abrufbar.

1. Auflage August 2013

Copyright© by Omega®-Verlag

Titel der englischen Originalausgabe:
On Having No Head. Zen and the Rediscovery of the Obvious
© 2013 The Shollond Trust, 87B Cazenove Road, London N16 6BB, England
Erstveröffentlichung 1961 durch The Buddhist Society, London

Aus dem Englischen von Gisela Bongart M.A.
Lektorat: Martin Meier

Coverfoto: Sam Blight, Australien
Covergestaltung und Satz: Martin Meier

Druck: FINIDR, Český Těšín, Tschechische Republik

Dieses Buch wurde nach den Regeln der alten Rechtschreibung lektoriert.

Alle Rechte der Verbreitung, auch durch Funk, Fernsehen, fotomechanische und elektronische Wiedergabe, Internet, Tonträger jeder Art und auszugweisen Nachdruck, sind vorbehalten.

ISBN 978-3-930243-68-6

Omega®-Verlag, Gisela Bongart und Martin Meier (GbR)

D-52080 Aachen • Karlstr. 32
Tel: 0241-168 163 0 • Fax: 0241-168 163 3
e-mail: info@omega-verlag.de
www.omega-verlag.de

Für

Virginia Parsell, Barbara Hopkinson und Gene Thursby

ÜBER DEN AUTOR

Douglas Harding (1909-2007) war ein britischer Philosoph und Mystiker. Er entdeckte einen modernen, experimentellen Weg zur Beantwortung der Frage „Wer bin ich?". Sein „Kopfloser Weg" nutzt die Beobachtungsmethode der Wissenschaft, um zur eigenen zentralen Identität zu finden. Zugleich ist dies auch ein Weg, um die Behauptung der großen Mystiker der Welt zu überprüfen, unsere wahre Identität sei Gott, die Buddha-Natur, das eine Selbst in allen Wesen...

Harding wuchs in einer fundamentalistischen christlichen Sekte auf. Mit 21 verließ er sie und begann in den 1930ern als junger Architekt in London eine moderne, wissenschaftlich inspirierte Sicht vom Platz des Menschen im Universum zu erarbeiten – eine Kosmologie, die sich nicht auf die „offenbare Wahrheit" stützte.

1943 machte Harding in Indien – er war damals bei der Britischen Armee – eine einfache, aber tiefgreifende Beobachtung. Als er an seinem Körper herabschaute, fiel ihm auf, daß er seinen Kopf nicht sehen konnte. Er erkannte, daß er aus seiner Perspektive kopflos war. Er schaute nicht aus zwei Augen heraus, sondern aus einem einzigen Auge – aus einer grenzenlosen Offenheit, die alle Dinge enthielt. Hier, klar erkennbar, war das zeitlose Zentrum all seiner Schichten, sein unveränderlicher Kern. Auf so einfache, unmittelbare Weise hatte Harding den Schatz gefunden, nach dem er gesucht hatte.

Harding verbrachte den Rest seines langen Lebens damit, die Folgen dieser Entdeckung zu erforschen und seine Sicht einem jeden nahezubringen, der sich dafür interessierte. Er schrieb viele Bücher. *The Hierarchy of Heaven and Earth*, veröffentlicht 1952, war sein großes philosophisches Werk, das C. S. Lewis (Autor der *Chroniken von Narnia*) als „ein Werk höchster Genialität" beschrieb. *Die Entdeckung der Kopflosigkeit* ist bekannter und leichter zu lesen als *The Hierarchy*. Die englische Originalfassung *On Having No Head* wurde seit ihrer Erstveröffentlichung 1961 fortlaufend neu aufgelegt.

Neben dem Schreiben entwarf Harding ein dreidimensionales Modell des Selbst – den Youniverse Explorer –, und er erfand etliche Experimente, die aufzeigen, WER wir wirklich sind. Im Laufe der Jahre gab er Hunderte von Workshops und vermittelte Tausenden von Menschen seinen simplen, direkten Weg nach Hause – den Kopflosen Weg.

Harding war zweimal verheiratet, hatte drei Kinder und arbeitete als Architekt.

INHALT

VORWORT

Dieses Buch beginnt mit den höchst denkwürdigen, wenn nicht gar schockierenden Zeilen: „Der beste Tag meines Lebens – mein Wiedergeburtstag sozusagen – war, als ich herausfand, daß ich keinen Kopf habe." Das war 1943, und Harding befand sich gerade in Indien. Was war passiert?

Lesen Sie weiter und finden Sie es heraus. Wie Sie entdecken werden, schreibt Harding nicht über einen Anflug von Verrücktheit, sondern über eine zutiefst vernünftige, universale Erfahrung. Es ist die Erfahrung, die von den Mystikern der Welt als die großartigste aller Erfahrungen bezeichnet wird – obwohl nur wenige sie mit Hardings Terminus „Kopflosigkeit" beschreiben (bis auf, so zeigt Harding, einige alte Zen-Meister).

Was ist das für eine Erfahrung? Sie besteht darin zu sehen, WER Sie wirklich sind – die höchste Sicht des Einen Selbst, das grenzenlose, unsterbliche Sein in seinem Zentrum. Denen zufolge, die zu diesem Einen Sein erwacht sind – die entdeckt haben, daß sie dieses Eine Sein sind –, führt es zu Leid und Tod, wenn man diese Realität ignoriert, und zu Freude und Unsterblichkeit, wenn man sich ihrer bewußt wird.

Aber Harding ergeht sich nicht endlos über eine Erfahrung, die er damals in den 1940er Jahren gemacht hatte, und er doziert auch nicht fortwährend über eine Erleuchtung, die nur von einigen wenigen großen Mystikern erreicht wurde (als Ergebnis höchster Anstrengung und großer Opfer, die nur die wenigsten von uns aufbringen könnten). Vielmehr verweist Harding auf eine lebhafte Erfahrung, die er in der Gegenwart macht und die jedem zugänglich ist – jetzt. Doch Harding fordert Sie nicht auf, ihm das einfach zu glauben. Er fordert Sie auf, selbst nachzuschauen. Tatsächlich warnt er sogar, daß nur über diese Erfahrung zu lesen, ohne sie selbst hier und jetzt gemacht zu haben, überhaupt nichts bringt. Glücklicherweise gelingt dieses Sehen nicht etwa mit wechselhaftem Erfolg, es hat nichts mit Glück zu tun oder mit Mühe, Talent oder sonstigen Bedingungen. Der Witz ist, daß Erleuchtung trotz aller gegenteiligen Verlautbarungen frei zugänglich ist: die offensichtlichste Sache der Welt.

Um es Ihnen zu ermöglichen, in den Genuß dieser Erleuchtung zu kommen, gibt Harding klare Anleitungen, wie man sein wahres Selbst sehen kann. Er zeigt Ihnen, wohin, wann, wie und wonach Sie schauen sollen. Sie können nichts falsch machen – es sei denn, Sie machen sich nicht die Mühe, seine Experimente für sich selbst durchzuführen. Natürlich ist es noch etwas anderes, im Gewahrsein Ihres wahren Selbst zu leben – tagein, tagaus in bewußter Einheit mit Ihrer Quelle zu sein. Es nützt nichts, nur einen flüchtigen Blick darauf zu werfen und es dann zu vergessen. Sie müssen für diese Sicht wach bleiben, wenn sie in Ihrem Leben etwas bewirken soll. Aber das ist nicht so schwierig, wie Sie vielleicht denken, und heutzutage gibt es hierbei reichlich Unterstützung, wenn Sie das möchten. Die umfangreiche Website zum Kopflosen Weg, www.headless.org, die größtenteils auch ins Deutsche übersetzt ist, ist dafür ein guter Ausgangspunkt. Dort finden Sie auch weitere (englische) Veröffentlichungen von Douglas Harding, DVDs, Ankündigungen von Workshops, Videos und vieles mehr.

Die Entdeckung der Kopflosigkeit wurde erstmals 1961 veröffentlicht. 1986, nachdem Harding mehr als 40 Jahre lang mit der kopflosen Sicht gelebt und sie Tausenden von Menschen nahegebracht hatte, fügte er ein neues Kapitel hinzu: Der aktualisierte Stand der Dinge. In diesen Passagen zeigt sich Hardings Reichtum an Erfahrungen, die er über vier Jahrzehnte ansammeln konnte. Eines der Themen, denen er sich dort widmet, ist die Herausforderung, jeden einzelnen Tag in bewußter Einheit mit unserer Quelle zu leben. Betreiben wir diese Meditation dauerhaft über längere Zeit, dann sehen wir uns ab irgendwann vor eine Wahl gestellt: nämlich unseren persönlichen Willen dem Einen, das wir wirklich sind, dem Willen Gottes, der sich im gegenwärtigen Moment manifestiert, zu übergeben oder nicht. Nicht etwa ein für allemal, sondern wieder und wieder, in jeder neuen Situation, bei jeder neuen Herausforderung, die in unserem Leben auftaucht. Und doch, so schwierig dieses Ergeben sein kann, es ist auch, wie Harding zeigt, genauso leicht wie Sehen – so einfach, wie zu sehen, daß Ihr Gesicht schon weg ist und Sie bereits jetzt, in diesem Moment durch die Welt ersetzt werden, durch diesen gegenwärtigen Moment und alles, was er enthält.

Nehmen Sie sich einen Spiegel. Reisen Sie mit Ihrer Aufmerksamkeit die „Ein-Meter"-Distanz von Ihrer Erscheinung dort im Spiegel hin bis zu Ihrer Realität hier, an dem Ihnen zugekehrten Ende Ihres ausgestreckten Arms. Treten Sie über die Schwelle oberhalb Ihrer Brust in diese zeitlose Leere ein – in Ihre Ewige Heimat. Ist es nicht so, daß Sie auf diesem Weg nicht nur Ihre Erscheinung, sondern alles von sich zurücklassen, einschließlich Ihres persönlichen Willens? Tritt nicht Ihr menschliches Selbst an dieser sichtbaren Grenze oberhalb Ihrer Brust zugunsten Ihres göttlichen Selbst zurück? Löst dieser einfache Blick – „das wahre Sehen, das ewige Sehen" – Sie nicht auf? Hier bleibt nichts zurück – kein Gesicht, kein Selbst, kein Wille –, nicht einmal Gottes Wille! Mit anderen Worten: Sie brauchen Ihren Willen gar nicht zu unterdrücken – was ohnehin eine unmögliche Aufgabe ist. Statt dessen weisen Sie ihm seinen Platz zu. Sie sehen, wo er ist: nämlich dort, nicht hier.

Wenn wir in das Zentrum eintreten, sterben wir für uns selbst und für alle Dinge. Doch in diesem Tod jenseits des Todes finden wir uns wiedergeboren als „das Andere" – als das unsterbliche und freudvolle Eine, das sich selbst erschaffende Eine, das Eine, das auf magische Weise allein aus tiefstem Nichts und dunkelster Nacht heraus ins Sein aufgeblitzt ist. Durch einen derart lächerlich einfachen Akt, den Akt, seine Gesichtslosigkeit zu sehen, sein ursprüngliches Gesicht, sein Nicht-Gesicht, stolpern wir „durch glückliche Fügung“ über die „Freude, die keinen Schatten kennt“.

Doch wie sagte Harding: Glauben Sie nichts davon. Machen Sie die in diesem Buch beschriebenen Experimente, und sehen Sie selbst. Überprüfen Sie die größte aller Behauptungen – die Behauptung, daß Sie die Quelle, das Gefäß und das Schicksal aller Dinge sind! –, und führen Sie diese Überprüfung fortwährend durch, Tag für Tag. Erkennen Sie, wenn Sie die Strecke von einem Meter zwischen Ihrer Erscheinung dort bis zu Ihrer Realität hier zurücklegen, daß dies eine Reise wie keine andere ist. Bei ihr gibt es weder Entfernung, noch vergeht Zeit!

Willkommen zu Hause!

Richard Lang,
12. Februar 2013

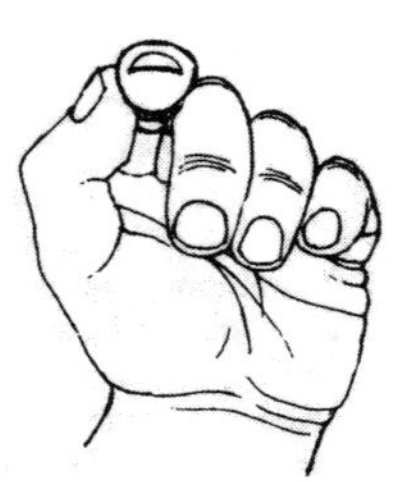

Stell dir vor, ein Mann würde hier auftauchen und deinen Kopf mit einem Schwert abschlagen!

– HUI-CHUNG

Enthaupte dich selbst! ... Löse deinen ganzen Körper in der Schau auf: werde sehend, sehend, sehend!

– Rumi

Meine Seele wurde fortgetragen, und gewöhnlich auch mein Kopf, ohne daß ich in der Lage gewesen wäre, es zu verhindern.

– Hl. Theresa

Bedecke deine Brust mit nichts, und zieh das Gewand der Nichtexistenz über dein Haupt.

– Attar

Gib dich ganz und gar ... Auch wenn der Kopf selbst hingegeben werden muß, warum solltest du über ihn weinen?

– Kabir

Ins Nichts sehen – das ist das wahre Sehen, das ewige Sehen.

– Shen-Hui

1

WAHRES SEHEN

Der beste Tag meines Lebens – mein Wiedergeburtstag sozusagen – war, als ich herausfand, daß ich keinen Kopf habe. Das ist kein literarischer Schachzug, keine humorvolle oder geistreiche Bemerkung, die um jeden Preis Interesse wecken soll. Ich meine es völlig ernst: Ich habe keinen Kopf.

Ich machte diese Entdeckung, als ich dreiunddreißig Jahre alt war. Obwohl sie aus heiterem Himmel kam, war sie die Antwort auf eine drängende Fragestellung. Seit mehreren Monaten war ich ganz durchdrungen von der Frage: *WAS bin ich?* Die Tatsache, daß ich zu dieser Zeit zufällig durch den Himalaya wanderte, hatte wahrscheinlich wenig damit zu tun, obwohl in diesem Land ungewöhnliche Bewußtseinszustände ja leichter auftreten sollen. Wie auch immer, dieser sehr stille, klare Tag und der Blick von dem Bergrücken, auf dem ich stand, über diesige blaue Täler bis hin zu den höchsten Bergen der Welt, bildete die perfekte Kulisse für die großartigste Schau.

Was tatsächlich passierte, war etwas absurd Einfaches und Unspektakuläres: Ich hörte nur einen Augenblick lang auf zu denken. Verstand und Vorstellung sowie das Geplapper der Gedanken erstarben. Ausnahmsweise mal versagten mir wirklich die Worte. Ich vergaß meinen Namen, mein Menschsein, meine Dinghaftigkeit, alles, was ich oder mein genannt werden könnte. Vergangenheit und Zukunft fielen weg. Es war, als wäre ich in diesem Moment geboren worden, nagelneu, ohne Verstand, frei von jeder Erinnerung. Es existierte nur das Jetzt, der gegenwärtige Moment und das, was eindeutig gegeben war. Zu schauen war genug. Und was ich erblicken konnte, waren khakifarbene Hosenbeine, die unten in einem Paar brauner Schuhe endeten, khakifarbene Ärmel, die an den Seiten in einem Paar rosafarbener Hände endeten, und eine khakifarbene Hemdbrust,

die oben auslief in – absolut nichts! Mit Sicherheit nicht in so etwas wie einen Kopf.

Im selben Moment wurde mir klar, daß dieses Nichts, dieses Loch, wo ein Kopf hätte sein sollen, keine gewöhnliche Leere, kein bloßes Nichts war. Im Gegenteil, es war zur Gänze ausgefüllt. Es war eine unermeßliche Leere, unermeßlich erfüllt, ein Nichts, das Raum bot für alles – Raum für Gras, Bäume, schattige ferne Hügel und weit über ihnen schneebedeckte Berggipfel, die wie eine Reihe kantiger Wolken über den blauen Himmel zogen. Ich hatte einen Kopf verloren und eine ganze Welt gewonnen.

All das war im wahrsten Sinne des Wortes atemberaubend. Ich schien gänzlich aufzuhören zu atmen, so völlig im Gegenwärtigen aufgegangen. Hier war sie, diese grandiose Szenerie, hell strahlend in der klaren Luft, allein und freischwebend, auf mysteriöse Weise aufgehoben in der Leere und (dies war das eigentliche Wunder, das großes Staunen und tiefe Freude hervorrief) ganz und gar frei von „mir", unbefleckt von jeglichem Beobachter. Ihre totale Gegenwart war meine totale Abwesenheit, mein Körper und meine Seele. Leichter als Luft, klarer als Glas, gänzlich befreit von mir, war ich nirgendwo.

Doch obwohl diese Vision ebenso magisch war wie unheimlich, war dies kein Traum, keine esoterische Offenbarung. Ganz im Gegenteil: Es fühlte sich an wie ein plötzliches Erwachen aus dem Schlaf des normalen Lebens, ein Ende des Träumens. Es war aus sich selbst heraus leuchtende Realität, ein für allemal reingefegt vom verschleiernden Verstand. *Es war zu guter Letzt die Offenbarung des absolut Offensichtlichen.* Es war ein luzider Moment in einer konfusen Lebensgeschichte. Ich hörte auf, etwas zu ignorieren, das zu sehen ich (mindestens seit frühester Kindheit) stets zu beschäftigt, zu clever oder zu ängstlich gewesen war. Es war nackte, bewertungsfreie Aufmerksamkeit für das, was mir die ganze Zeit direkt ins Gesicht gestarrt hatte – meine vollkommene Kopflosigkeit. Kurz gesagt war all dies total einfach, klar und unkompliziert, jenseits von Argumenten, Gedanken und Worten. Es gab keine Fragen, nichts, worauf über die Erfahrung selbst hinaus Bezug zu nehmen war, sondern nur Frieden und eine stille Freude sowie das Gefühl, eine unerträgliche Last losgelassen zu haben.

Die Vorstellung, daß der Mensch einen von seiner Seele getrennten Körper hat, muß ausgelöscht werden; das werde ich tun ... indem ich scheinbare Oberflächen wegschmelze und das Unendliche aufzeige, das verborgen war.

– William Blake

„Ich glaube, ich werde gehen und ihr begegnen", sagte Alice ...
„Das kannst du unmöglich tun", sagte die Rose. „Ich würde dir raten, den entgegengesetzten Weg zu gehen."
Für Alice klang das unsinnig, sie sagte also nichts, sondern ging gleich auf die Rote Königin zu. Zu ihrer Überraschung verlor sie sie sofort aus den Augen.

– Alice hinter den Spiegeln

Als Schönheit bin ich kein Star;
Es gibt andere, die weit besser aussehen, aber mein Gesicht – mir macht's nichts, denn ich bin dahinter; es sind die Leute vor mir, die den Schrecken bekommen.

– Woodrow Wilson zugeschrieben

2

DAS SEHEN BEGREIFEN

Als das erste Staunen über meine Himalaya-Entdeckung anfing zu verblassen, begann ich sie mir selbst etwa folgendermaßen zu beschreiben:

Irgendwie hatte ich vage von mir selbst gedacht, ich würde dieses Haus bewohnen, das mein Körper ist, und durch seine zwei kleinen runden Fenster in die Welt hinausschauen. Nun stelle ich fest, daß es so überhaupt nicht ist. Wenn ich in die Ferne blicke, was gibt es in diesem Moment dort, das mir sagt, wie viele Augen ich hier habe – zwei, drei, Hunderte etwa oder gar keins? Tatsächlich erscheint auf dieser Seite meiner Fassade nur ein Fenster, und das ist weit offen, rahmenlos und unermeßlich, und es ist niemand da, der aus ihm herausschaut. Es sind immer die anderen, die Augen haben und ein Gesicht, um sie einzurahmen – dieser Bursche hier jedenfalls nie.

Es gibt somit zwei – völlig verschiedene – Sorten von Menschen. Die erste, von der mir zahllose Exemplare auffallen, trägt offensichtlich einen Kopf auf den Schultern (und mit „Kopf“ meine ich ein undurchsichtiges, farbiges, behaartes rundes Etwas von etwa zwanzig Zentimetern Durchmesser mit verschiedenen Öffnungen darin), während die andere Sorte, von der ich nur ein Exemplar bemerken kann, offensichtlich kein solches Ding auf den Schultern trägt. Und diesen bedeutsamen Unterschied hatte ich bis jetzt übersehen! Opfer eines anhaltenden Anfalls von Wahnsinn, einer lebenslänglichen Halluzination (und mit „Halluzination“ meine ich, was mein Lexikon folgendermaßen definiert: scheinbare Wahrnehmung eines Objektes, das nicht wirklich vorhanden ist), hatte ich mich selbst stets als anderen Leuten ziemlich ähnlich betrachtet, doch gewiß nie als einen enthaupteten, noch lebenden Zweibeiner. Ich war blind gewesen für die eine Sache, die stets präsent ist und ohne die ich nun wirklich blind bin – für diesen fabelhaften Kopf-Ersatz, für diese grenzenlose Klarheit, diese leuchtende und absolut reine Leere, die dennoch alles ist, aber nicht enthält, was es gibt. Denn ganz gleich, wie genau ich hinschaue: ich finde hier nicht einmal eine leere Leinwand, auf die diese Berge, diese Sonne und dieser Himmel projiziert werden, keinen klaren Spiegel, in dem sie reflektiert werden, auch keine transparente Linse oder Blende, durch die man sie sieht – um wieviel weniger noch eine Person, der sie gezeigt würden, oder einen Betrachter (wie schemenhaft auch immer), der vom Erblickten zu unterscheiden wäre. Absolut nichts tritt dazwischen, nicht einmal dieses verblüffende und trügerische Hindernis, das man „Distanz“ nennt. Der sichtlich unbegrenzte blaue Himmel, das rosagesäumte Weiß des Schnees, das funkelnde Grün des Grases – wie können sie in der Ferne sein, wenn nichts da ist, von dem sie entfernt sein können? Die kopflose Leere hier läßt keine Definition und keinen Standort zu: Sie ist weder rund noch klein oder groß, ja sie ist nicht einmal hier im Unterschied zu dort. (Und selbst wenn es hier einen Kopf *gäbe*, von dem aus nach draußen gemessen werden könnte, würde sich die Meßlatte, die sich von ihm bis zu dieser Bergspitze erstreckte, zu einem Punkt, zu nichts reduzieren, wenn sie am mir zugekehrten Ende abgelesen würde – und für mich gibt es keine andere Weise, sie abzulesen.)

Tatsächlich präsentieren sich diese farbigen Formen in aller Einfachheit, ohne solche Komplikationen wie nah oder fern, dies oder jenes, mein oder nicht mein, von mir gesehen oder einfach vorhanden. Alle Zweiheit – alle Dualität von Subjekt und Objekt – ist verschwunden: Sie wird nicht mehr in eine Situation hineingelesen, die dafür keinen Platz hat.

Das waren die Gedanken, die dem Sehen folgten. Der Versuch, die direkte, unmittelbare Erfahrung in diesen oder anderen Worten niederzuschreiben, bedeutet jedoch, sie falsch darzustellen, indem verkompliziert wird, was die Einfachheit selbst ist. Es ist vielmehr so, daß sich die Untersuchung, je länger sie sich post mortem hinzieht, um so weiter vom lebenden Original entfernt. Bestenfalls können derlei Beschreibungen einen an dieses Sehen erinnern (ohne das klare Gewahrsein) oder sein neuerliches Auftreten befördern. Doch sie können seine wesentliche Qualität ebenso wenig vermitteln und sein Wiedereintreten ebenso wenig garantieren, wie etwa die appetitlichste Speisekarte so schmecken könnte wie das auf ihr offerierte Abendessen oder wie selbst das beste Buch über Humor einen in die Lage versetzen könnte, einen Witz zu verstehen. Auf der anderen Seite ist es unmöglich, für längere Zeit das Denken anzuhalten, und außerdem läßt es sich gar nicht vermeiden, irgendeinen Versuch zu unternehmen, die luziden Intervalle im eigenen Leben in eine Beziehung zum konfusen Hintergrund zu setzen. Indirekt könnte dadurch auch eine Wiederkehr der Klarsicht angeregt werden.

Auf jeden Fall gibt es mehrere Einwände des gesunden Menschenverstands, die nicht länger verschwiegen werden können, Fragen, die nach durchdachten Antworten verlangen, egal wie schlüssig diese auch sein mögen. Schon sich selbst gegenüber dürfte es nötig sein, die eigene Sicht zu „rechtfertigen", und vielleicht muß man auch seine Freunde beruhigen. In gewisser Weise ist dieser Versuch der Domestizierung zwar absurd, denn es gibt kein Argument, das einer Erfahrung etwas wegnehmen oder ihr etwas hinzufügen kann, die so einfach und unumstößlich ist, wie das Hören eines eingestrichenen C oder das Schmecken von Erdbeermarmelade. Andererseits muß ein solcher Versuch gleichwohl unternommen werden, wenn das eigene Leben nicht in zwei einander ganz fremde, vorstellungsmäßig abgeschottete Bereiche zerfallen soll.

Mein erster Einwand lautete: Mein Kopf mag ja fehlen, aber nicht meine Nase. Hier ist sie, und sie geht mir überall sichtbar voraus, wohin auch ich gehe. Und meine Erwiderung darauf: Wenn diese verschwommene und dann wieder völlig durchsichtige rosa Wolke, die rechts hängt, und diese andere, sehr ähnliche Wolke zur Linken, Nasen sind, dann zähle ich zwei davon und nicht eine. Und die absolut undurchsichtige einzelne Protuberanz, die ich ganz klar in der Mitte Ihres Gesichts beobachte, ist keine Nase. Nur ein unaufrichtiger oder hoffnungslos verwirrter Beobachter würde absichtlich denselben Begriff für so unterschiedliche Dinge verwenden. Ich ziehe es vor, meinem Lexikon und der üblichen Auslegung zu folgen, die mich nötigen zu sagen, daß, während fast alle Menschen eine Nase pro Person haben, ich keine habe. Sollte jedoch ein törichter Skeptiker in seinem rechthaberischen Eifer, das Gegenteil zu beweisen, in meine Richtung ausholen und mit seiner Faust mitten zwischen diese beiden rosa Wolken zielen, so wäre das Ergebnis sicherlich ebenso unangenehm, als hätte ich die stabilste, schlagfesteste Nase, die es gibt.

Und was ist mit diesem ganzen Komplex aus subtilen Spannungen, Bewegungen, Druck-, Juck- und Kitzelreizen, Schmerzen, Wärme- und Pochempfindungen, die in dieser zentralen Region nie völlig aufhören? Was ist vor allem mit den Berührungsreizen, die entstehen, wenn ich dort mit meiner Hand nachforsche? Diese Befunde sollten sich doch eigentlich zu einem massiven Beweis für die Existenz meines Kopfes aufaddieren, genau hier und jetzt, oder etwa nicht?

Ich finde, sie tun das keineswegs. Zweifellos liegt hier eine Vielfalt von Sinneseindrücken vor, die nicht ignoriert werden können, doch sie ergeben noch lange keinen Kopf oder irgend etwas dergleichen. Die einzige Möglichkeit, daraus einen Kopf zu bilden, bestünde darin, lauter Bestandteile dazuzumischen, die hier eindeutig nicht vorhanden sind – insbesondere alle Arten von vielfarbigen dreidimensionalen Formen. Was für eine Art Kopf ist das, der, obwohl er unzählige Sinneswahrnehmungen enthält, sichtlich keine Augen hat, keine Ohren, Haare, keinen Mund und in der Tat all die körperlichen Attribute nicht, die andere Köpfe offensichtlich haben? Es ist ganz klar, daß dieser Ort von solchen Hindernissen frei bleiben muß, selbst von jeder noch so unauffälligen Trübung oder Färbung, die mein Universum verschleiern könnten. Fange ich nun an, nach meinem verlorengegangenen Kopf zu fahnden, dann büße ich auch noch meine forschende Hand ein. Auch sie geht im Strudel im Zentrum meines Seins verloren. Anscheinend ist diese gähnende Höhle, dieser unbemannte Sitz all meiner Handlungen, diese am nächstliegend wirkende, aber tatsächlich unbekannte Region, dieser magische Ort, wo ich meinen Kopf zu haben meinte, eher so etwas wie ein starkes Leuchtfeuer, so grell, daß alle Dinge, die in seine Nähe kommen, unmittelbar und komplett verschluckt werden, damit diese welterleuchtende Brillanz und Klarheit auch nicht einen Moment lang verdunkelt wird. Was die lauernden Schmerzen, das Kitzeln und dergleichen betrifft, so können sie diese zentrale Strahlkraft ebenso wenig dämpfen oder verschatten, wie Berge, Wolken und Himmel das vermögen. Ganz im Gegenteil: Sie alle existieren in ihrem Glanz, und durch sie wird der Glanz sichtbar. Ganz gleich welcher Sinn eingesetzt wird: Gegenwart kann nur in einem leeren und abwesenden Kopf erfahren werden. Für das Hier und Jetzt sind meine Welt und mein Kopf unvereinbar: sie vertragen sich nicht. Für beide zugleich ist kein Platz auf diesen Schultern, und zum Glück ist es mein Kopf mitsamt seiner Anatomie, der weichen muß.

Hierbei geht es nicht um Argumente, um philosophische Spitzfindigkeiten oder darum, sich in etwas hineinzusteigern, sondern schlicht ums Sehen – um SIEH-WER-HIER-IST, statt um STELL-DIR-VOR-WER-HIER-IST oder gar um HÖR-AUF-ANDERE-WER-HIER-IST. Wenn es mir nicht gelingt zu sehen, was ich bin (und vor allem, was ich nicht bin), dann deshalb, weil ich zu viel erfinde, zu „spirituell" bin, zu erwachsen und gebildet, zu leichtgläubig, zu sehr durch Gesellschaft und Sprache eingeschüchtert, vom Offensichtlichen zu sehr verängstigt bin, um die Situation genau so zu akzeptieren, wie ich sie in diesem Augenblick vorfinde. Ich allein bin in der Lage, darüber zu berichten, was hier ist. Was ich brauche, ist eine Art aufmerksamer Naivität. Nur ein unschuldiges Auge und ein leerer Kopf können (neben einem tapferen Herzen) ihre eigene vollkommene Leere eingestehen.

Wahrscheinlich gibt es überhaupt nur eine einzige Möglichkeit, einen Skeptiker zu überzeugen, der Ihnen beharrlich sagt: „Ich habe hier einen Kopf". Sie besteht darin, ihn einzuladen, hierherzukommen und selbst nachzuschauen. Es muß allerdings ein aufrichtiger Berichterstatter sein, der nur beschreibt, was er beobachtet, und sonst nichts.

Wenn er anfängt, mich vom anderen Ende des Zimmers aus zu betrachten, sieht er mich als lebensgroßen Mann mit Kopf. Doch beim Näherkommen findet er zunächst einen halben Menschen vor, dann nur noch einen Kopf, dann eine verschwommene Wange, Nase oder ein verschwommenes Auge, dann bloß noch einen verschwommenen Fleck, bis er schließlich (im Moment der Berührung) überhaupt nichts mehr von mir sieht. Oder aber – für den Fall, daß er mit den geeigneten wissenschaftlichen Instrumenten ausgerüstet sein sollte – er berichtet, daß der verschwommene Fleck immer höher aufgelöst wird, zunächst zu Gewebe, dann zu Zellgruppen, dann zu einer einzelnen Zelle, einem Zellkern, weiter zu gigantischen Molekülen und so fort, bis er dorthin kommt, wo rein gar nichts mehr zu sehen ist, in einen Raum, der leer ist und frei von allen festen oder materiellen Objekten.

In beiden Fällen findet der Beobachter, der hierherkommt, um herauszufinden, wie es wirklich ist, das, was ich hier vorfinde: Leere. Und wenn er dann, nachdem er mein Nichtsein hier entdeckt und nachempfunden hat, seine Blickrichtung umkehren würde (also mit mir herausschauen würde statt in mich hinein), würde er wieder vorfinden, was ich hier finde: daß nämlich diese Leere randvoll mit der Szenerie ausgefüllt ist. Auch er würde diesen zentralen Punkt ins Unendliche explodieren sehen, dieses Nichts in das Alles hinein, dieses Hier ins Überall.

Sollte mein skeptischer Beobachter seinen Sinnen weiterhin mißtrauen, könnte er statt dessen seine Kamera ausprobieren – ein Gerät, das mangels Gedächtnis und Erwartung nur das registrieren kann, was an dem Ort vorhanden ist, an dem es sich gerade befindet. Es zeichnet dieselben Eindrücke von mir auf, nämlich: dort drüben einen Mann, dazwischen dann Teilstücke des Mannes, hier keinen Mann und schließlich nichts – oder aber die Kamera würde, andersherum gerichtet, seine Welt aufnehmen.

Dieser Kopf ist also kein Kopf, sondern eine querköpfige Vorstellung. Wenn ich ihn immer noch hier finden kann, bilde ich mir etwas ein und sollte lieber einen Arzt aufsuchen. Es macht keinen Unterschied, ob ich hier meinen Kopf oder den von Napoleon oder der Jungfrau Maria oder ein Spiegelei finde oder einen wunderschönen Strauß Blumen: zu meinen, irgend so einen „Dutt" obendrauf zu haben, bedeutet, an Wahnvorstellungen zu leiden.

Während meiner luziden Intervalle nun bin ich eindeutig kopflos hier. Dort drüben allerdings bin ich von der Kopflosigkeit eindeutig weit entfernt: Ich habe tatsächlich mehr Köpfe als ich brauchen kann: verborgen in meinen menschlichen Beobachtern und in Kameras, ausgestellt in Bilderrahmen, Grimassen schneidend hinter Rasierspiegeln, aus Türknäufen schielend, aus

Löffeln, aus Teekannen und aus allem, was man auf Hochglanz polieren kann, tauchen immer wieder meine Köpfe auf – wenn auch mehr oder weniger geschrumpft und verzerrt, verdreht, oft verkehrt herum und unendlich vervielfacht.

Doch es gibt einen Ort, an dem mein Kopf niemals auftauchen kann, und das ist hier auf meinen Schultern, wo er diese zentrale Leere, die mein Lebensborn ist, ver-

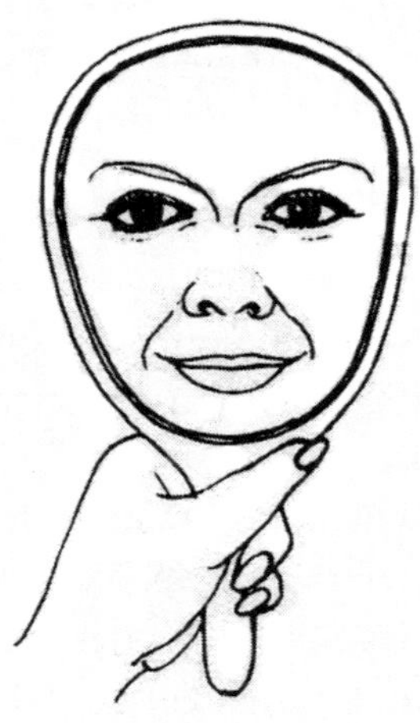

decken würde. Doch zum Glück gibt es nichts, was dazu in der Lage wäre. Tatsächlich können diese wackligen Köpfe niemals mehr sein als unbeständige, nachrangige Störfaktoren der „äußeren", der phänomenalen Welt, die, obwohl sie mit der zentralen Essenz vollkommen eins ist, diese kein bißchen beeinflußt. Mein Kopf im Spiegel ist in der Tat so nebensächlich, daß ich ihn nicht notwendigerweise für den meinen halten muß. Als kleines Kind erkannte ich mich nicht im Spiegel, und das tue ich auch jetzt nicht, wenn ich für einen Moment meine verlorene Unschuld wiedergewinne. In meinen zurechnungsfähigeren Momenten sehe ich den Mann dort drüben, diesen nur allzu bekannten Kerl, der in diesem anderen Badezimmer hinter dem Spiegel wohnt und anscheinend seine ganze Zeit damit zubringt, in dieses Badezimmer zu starren – diesen kleinen, langweiligen, begrenzten, spezifischen, alternden und ach so verletzlichen Gaffer, der das in jeder Hinsicht pure Gegenteil meines wirklichen Selbst hier ist. Ich war nie etwas anderes als diese alterslose, unermeßliche, klare und vollkommen makellose Leere. Es ist unvorstellbar, daß ich dieses gaffende Gespenst da drüben je mit dem verwechselt habe, was ich eindeutig hier und jetzt und immer als mich selbst erkenne!

Ganz gleich, wie klar all dies durch unmittelbare Erfahrung gegeben ist: Es erscheint dennoch total paradox, wie eine Beleidigung des gesunden Menschenverstandes. Ist es auch ein Affront gegen die Wissenschaft, von der es heißt, sie sei lediglich einigermaßen aufgeräumter gesunder Menschenverstand? Jedenfalls hat der Wissenschaftler seine eigene Version davon, wie ich einige Dinge sehe (etwa Ihren Kopf), aber nicht darüber, wie ich andere Dinge (meinen Kopf etwa) sehe: Und offensichtlich funktioniert seine Version. Die Frage ist: Kann er meinen Kopf zurück auf meine Schultern setzen, wo er, wie man mir sagt, hingehört?

Kurz und knapp lautet die Erklärung des Vorgangs durch einen Wissenschaftler für mein Verständnis in etwa so: Licht verläßt die Sonne und erreicht acht Minuten später Ihren Körper, der einen Teil davon absorbiert. Der Rest prallt in alle Richtungen ab, und etwas davon erreicht mein Auge, dringt durch die Linse und bildet auf der Netzhaut an der Rückseite meines Augapfels ein umgekehrtes Bild von Ihnen ab. Dieses Bild löst dort chemische Veränderungen in einer lichtempfindlichen Substanz aus, und diese Veränderungen reizen die Zellen (das sind winzige Lebewesen), aus denen die Netzhaut zusammengesetzt ist. Diese leiten ihre Erregung an andere, längliche Zellen weiter, und diese wiederum übertragen sie weiter an Zellen in einer bestimmten Region meines Gehirns. Erst wenn dieser Endpunkt erreicht ist und die Moleküle, Atome und Teilchen dieser Gehirnzellen angeregt sind, sehe ich Sie oder irgend etwas sonst. Und dasselbe gilt für die übrigen Sinne. Ich kann weder sehen, hören, riechen, schmecken, noch überhaupt irgendetwas fühlen, ehe die Reize nach höchst drastischen Veränderungen und Verzögerungen tatsächlich in diesem Zentrum zusammengelaufen und angekommen sind. Erst an dieser Endstation, zu dieser Zeit und an diesem Ort aller Ankünfte im Rangierbahnhof meines Hier-Jetzt, schnellt das ganze Verkehrssystem – das, was ich meine Welt nenne – in die Existenz. Für mich ist dies Zeit und Ort aller Schöpfung.

Vieles an dieser einfachen wissenschaftlichen Version ist seltsam und immens weit entfernt vom gesunden Menschenverstand. Am merkwürdigsten ist dabei, daß das Fazit der Geschichte den ganzen Rest aufhebt. Denn es besagt, daß alles, was ich wissen kann, das ist, was hier und jetzt in diesem Gehirn-Terminal vor sich geht, wo meine Welt auf wundersame Weise erschaffen wird. Ich habe keine Möglichkeit herauszufinden, was sich anderswo ereignet – in den anderen Teilen meines Kopfes, in meinen Augen, in der Welt draußen –, falls es ein Anderswo, eine Außenwelt überhaupt *gibt.* Die nüchterne Wahrheit ist, daß mein Körper, Ihr Körper sowie alles auf Erden und sogar das gesamte Universum – wie sie vielleicht da draußen unabhängig von mir in sich selbst und in ihrem eigenen Raum existieren – bloße Einbildungen sind und damit keiner weiteren Beachtung wert. Weder gibt es zwei parallele Welten (eine unbekannte äußere oder physische Welt dort plus eine bekannte innere oder mentale Welt hier, die jene auf geheimnisvolle Weise nachbildet), noch kann es für deren Vorhandensein irgendwelche Beweise geben, denn Beweise gibt es nur für diese eine Welt, die immer vor mir ist und in der ich keine Trennung in Geist und Materie, innen und außen, Seele und Körper finden kann. Sie ist, was beobachtbar ist, nicht mehr und nicht weniger. Und die Explosion dieses Zentrums – dieses Endpunktes, wo „ich“ oder „mein Bewußtsein“ liegen sollen – eine Explosion, die stark genug ist, diese grenzenlose Szenerie zu werden und auszufüllen, die jetzt vor mir ist, diese Explosion *bin* ich.

Kurz gesagt widerspricht das, was der Wissenschaftler über die Wahrnehmung zu sagen hat, meinem naiven Befund überhaupt nicht, nein, es bestätigt ihn sogar. Vorläufiger- wie auch vernünftigerweise setzt er hier einen Kopf auf meine Schultern, doch der wird sogleich wieder vom Universum verdrängt. Die vernünftige oder nichtparadoxe Sichtweise von mir als „gewöhnlicher Mensch mit Kopf“ funktioniert ganz und gar nicht, denn sobald ich sie ein bißchen eingehender untersuche, erweist sie sich als Unfug.

Und doch (sage ich mir selbst) scheint das für alle täglichen, praktischen Zwecke hinreichend gut zu funktionieren. Ich tue weiter so, als wäre hier, haargenau in der Mitte meines Universums, tatsächlich so ein rundlicher, massiver 20-Zentimeter-Klumpen angebracht. Und ich bin geneigt hinzuzufügen, daß sich diese offenkundige Absurdität in der abgestumpften und wahrhaft dickköpfigen Welt, die wir alle bewohnen, nicht vermeiden läßt. Gewiß ist sie als Fiktion derart zweckmäßig, daß sie ebenso gut die ganze Wahrheit sein könnte.

Tatsächlich ist es immer eine Lüge und noch dazu eine unbequeme Lüge: Ihretwegen könnte jemand sogar Geld verlieren. Stellen Sie sich zum Beispiel einen Werbedesigner vor – den wohl niemand fanatischer Wahrheitsliebe bezichtigen würde. Sein Job ist es, mich zu überzeugen, und eine der wirkungsvollsten Methoden hierfür besteht darin, mich genau so ins Bild zu setzen, wie ich wirklich bin. Dementsprechend muß er meinen Kopf weglassen. Statt die *andere Art* Mensch – die mit Kopf – zu zeigen, die ein Glas oder eine Zigarette an den Mund führt, müßte er *meine* Art zeigen, dies zu tun: diese rechte Hand (genau im richtigen Winkel und mehr oder weniger armlos am unteren rechten Bildrand gehalten), die ein Glas oder eine Zigarette an diesen Nicht-Mund, an diese gähnende Leere heranführt. *Dieser* Mensch ist freilich kein Fremder, sondern ich selbst, wie ich für mich bin. Beinahe zwangsläufig werde ich in diese Szene hineingezogen. Kein Wunder, daß diese Stücke und Teile eines Körpers, die in der Ecke eines Bildes erscheinen, ohne den kontrollierenden Mechanismus eines Kopfes in der Mitte, der sie verbindet und steuert – kein Wunder, daß sie für mich ganz natürlich aussehen: Andere hatte ich ja nie! Und der Realismus des Werbemenschen, sein unkonventionelles Wissen darüber, wie ich wirklich bin, zahlt sich offenbar aus: Wenn mein Kopf weg ist, löst sich bei mir auch jeder Kaufwiderstand auf. (Allerdings gibt es Grenzen: Es ist unwahrscheinlich, daß er etwa ein rosa Nasenwölkchen knapp über dem Glas oder der Zigarette zeigen würde, weil ich dieses Stück Realismus ohnehin selbst beisteuere. Es wäre also witzlos, wenn er mir noch eine durchscheinende Schattierung als Nase dazuschminken würde.)

Auch Filmregisseure sind praktische Leute, die viel mehr Interesse an der wirkungsvollen Wiedererschaffung eines Erlebnisses haben als daran, die Eigenart des Erlebenden herauszuarbeiten. Doch tatsächlich hat das eine auch etwas vom anderen. Sicherlich sind sich diese Experten durchaus bewußt, wie schwach (zum Beispiel) meine Reaktion auf den Anblick eines Fahrzeugs ist, das augenscheinlich von jemand anderem gesteuert wird, verglichen mit meiner Reaktion auf den Anblick eines Fahrzeugs, das offenbar von mir gesteuert wird. Im ersten Fall bin ich ein Zuschauer auf dem Gehsteig und beobachte, wie zwei ähnliche Autos schnell aufeinander zurasen, zusammenstoßen, die Fahrer töten, in Flammen aufgehen – und ich bin nur mäßig interessiert. Im zweiten Fall bin ich einer der Fahrer – kopflos natürlich, wie alle Erste-Person-Singular-Fahrer –, und mein Auto (das bißchen, was davon zu sehen ist) bewegt sich nicht. Da sind meine wackligen Knie, mein Fuß fest auf dem durchgetretenen Gaspedal, meine Hände kämpfen mit dem Steuerrad, die lange Motorhaube weit vorn, Telefonmasten fliegen vorbei, die Straße schlängelt sich mal hierhin, mal dorthin, und das andere Auto, zuerst ganz klein, wird bedrohlich größer und größer, kommt direkt auf mich zu, und dann der Zusammenstoß, ein Riesenlichtblitz und leere Stille ... Ich sinke in meinen Sessel zurück und bekomme wieder Luft. Man hat mich an der Nase herumgeführt.

Wie filmt man solche Sequenzen aus der Perspektive der ersten Person? Es gibt zwei Möglichkeiten: Entweder nimmt man eine kopflose Puppe, die an der Stelle des Kopfes eine Kamera hat, oder einen echten Menschen, der seinen Kopf weit nach hinten oder zur Seite beugt, um Platz für die Kamera zu schaffen. Mit anderen Worten: Damit ich mich mit dem Schauspieler identifizieren kann, muß sein Kopf aus dem Weg. Er muß meine Sorte Mensch sein. Denn ein Bild von mir mit einem Kopf hat überhaupt keine Ähnlichkeit: Es ist ein Portrait von jemand anderem, eine Verwechslung.

Es ist merkwürdig, daß man zum Werbefritzen gehen muß, um einen flüchtigen Blick auf die tiefsten – und einfachsten – Wahrheiten über sich selbst zu erhaschen. Seltsam auch, daß eine ausgeklügelte moderne Erfindung wie das Kino einem dabei helfen sollte, eine Illusion loszuwerden, von der sehr kleine Kinder und Tiere frei sind. Doch auch zu anderen Zeiten gab es schon ähnlich seltsame Fingerzeige auf das allzu Offensichtliche, und unsere menschliche Fähigkeit zur Selbsttäuschung war sicherlich niemals perfekt. Mit einem tiefen, wenn auch getrübten Bewußtsein um die menschliche

Verfassung könnte sich gut die Popularität vieler alter Kulte und Legenden erklären lassen: von wackligen oder fliegenden Köpfen, einäugigen oder kopflosen Ungeheuern und Erscheinungen, menschlichen Leibern mit nicht-menschlichen Köpfen, von Märtyrern, denen der Kopf abgeschlagen wurde und die danach noch ein gutes Stück weiterliefen – ohne Zweifel phantastische Bilder, die aber der wahren Darstellung *dieses* Menschen, dem der ersten Person Singular Präsens, näherkommen, als es der gesunde Menschenverstand je könnte.

Mein Himalaya-Erlebnis damals war keine bloße poetische Phantasie oder ein versponnener mystischer Höhenflug. Es erwies sich in jeder Hinsicht als nüchterner Realismus. Und in den Monaten und Jahren, die darauf folgten, dämmerte mir allmählich das volle Ausmaß seiner praktischen Bedeutung und Anwendbarkeit sowie seiner transformierenden Konsequenzen.

Ich erkannte zum Beispiel, daß diese neue Sicht meine Einstellung anderen Menschen, ja sämtlichen Lebewesen gegenüber in zweifacher Hinsicht transformieren muß. Erstens, weil sie die Konfrontation abschafft. Wenn ich Ihnen begegne, gibt es für mich nur ein Gesicht – Ihres –, und ich kann Ihnen nie von Angesicht zu Angesicht gegenübertreten. Tatsächlich tauschen wir Gesichter aus, und dies ist ein höchst kostbarer und intimer Austausch der äußeren Erscheinung. Zweitens, weil sie mir vollkommene Einsicht in die Realität verleiht, die hinter Ihrer Erscheinung liegt, in Sie, so wie Sie für sich selbst sind. Ich habe guten Grund, Sie für die Welt zu halten. Denn ich muß davon ausgehen, daß das, was für mich wahr ist, für jeden wahr ist, daß wir uns alle im selben Zustand befinden – reduziert auf kopflose Leeren, auf nichts, so daß wir alles enthalten und alles werden können. Die kleine, kompakt wirkende und mit einem Kopf versehene Person, an der ich auf der Straße vorbeigehe – *das* ist die Erscheinung, die einer genauen Untersuchung niemals standhält, das ist die stark vermummte Person, das wandelnde Gegenteil des *wahren* Einen, dessen Ausmaß und Fassungsvermögen unendlich sind. Und mein Respekt für diese Person wie für alles Lebendige sollte ebenfalls unendlich sein. Ihr Wert und ihre Großartigkeit können gar nicht hoch genug geschätzt werden. Jetzt weiß ich genau, wer sie ist und wie ich sie behandeln muß.

In Wahrheit ist sie (oder er) ich. Als wir noch jeder einen Kopf hatten, waren wir offenbar zwei. Doch nun sind wir kopflose Leeren – was gibt es, das uns trennen könnte? Ich kann keine Hülle finden, die diese Leere, die ich bin, umgibt, keine Form, keine Beschränkung oder Grenze. Sie kann also gar nicht anders, als mit anderen Leeren zu verschmelzen.

Für diese Verschmelzung bin ich mein eigenes perfektes Beispiel. Ich zweifle nicht daran, wenn der Wissenschaftler von seinem Beobachtungspunkt dort drüben aus sagt, ich hätte einen eindeutig definierten Kopf, der aus einer riesigen Hierarchie eindeutig definierter Teile wie Organe, Zellen und Moleküle besteht – eine unerschöpflich komplexe Welt aus physischen Dingen und Abläufen. Aber ich kenne nun mal (oder besser bin) die innere Geschichte dieser Welt und all ihrer Bewohner, und diese widerspricht der äußeren Geschichte komplett. Genau hier stelle ich fest, daß jedes Mitglied dieser riesigen Gemeinschaft, vom kleinsten Teilchen bis zu meinem Kopf, verschwunden ist wie die Dunkelheit im Sonnenlicht. Kein Außenseiter ist qualifiziert, für sie zu sprechen. Nur ich bin dazu in der Lage, und ich schwöre, sie alle sind luzid, einfach, leer und eins, ohne eine Spur von Trennung.

Wenn dies für meinen Kopf gilt, so gilt dies gleichermaßen für alles, was ich für „mich" und „hier" halte – kurz für diesen ganzen Körper-Geist. Wie ist es eigentlich (frage ich mich selbst) da, wo ich jetzt bin? Bin ich in das eingeschlossen, was Marc Aurel als diesen „Sack aus Blut und Korruption" bezeichnet hat (und was wir einen wandelnden Zoo, eine Zellenstadt, eine Chemiefabrik oder eine Teilchenwolke nennen könnten), oder bin ich davon ausgenommen? Verbringe ich mein Leben eingeschlossen in diesem festen, menschenförmigen Fleischkloß (von ungefähr einsachtzig mal sechzig mal dreißig) oder außerhalb dieses Klumpens, oder vielleicht sowohl innerhalb als auch außerhalb? Tatsache ist: die Dinge sind überhaupt nicht so. Hier gibt es keine Sperre, kein Innen oder Außen, keinen Raum oder Mangel an Raum, kein Versteck und keinen Schutz. Ich kann hier kein Zuhause finden, in dem ich leben oder von dem ich ausgeschlossen sein könnte, und keinen Zentimeter Grund, um darauf zu bauen. Doch diese Heimatlosigkeit paßt mir perfekt – eine Leere braucht keine Behausung. Kurz gesagt löst sich diese physikalische Ordnung der Dinge, die dem Anschein nach und in einer gewissen

Entfernung so fest erscheinen, bei näherer Betrachtung stets restlos auf. Und wie ich feststelle, gilt das nicht nur für meinen menschlichen Körper, sondern auch für meinen Gesamtkörper, das Universum selbst. (Selbst vom Standpunkt eines Außenseiters ist die Unterscheidung zwischen diesen Verkörperungen künstlich: Dieser kleine Körper ist funktionell so sehr mit allen anderen Dingen verbunden, so abhängig von seiner Umwelt, daß er für sich allein nicht-existent und undenkbar ist. Tatsächlich kann keine Kreatur auch nur einen Augenblick lang überleben, außer als dieser eine Körper, der allein existiert, selbständig, unabhängig und daher wahrhaft lebendig.) Wieviel von diesem Gesamtkörper ich annehme, hängt von der Situation ab, aber ich fühle mich automatisch so weit ein, wie für mich nötig ist. Auf diese Weise kann ich mich mit absoluter Leichtigkeit abwechselnd mit meinem Kopf, meinem einsachtzig-Körper, meiner Familie oder meinem Planeten- und Sonnensystem identifizieren (etwa wenn ich mir vorstelle, sie würden von anderen bedroht) und so weiter, ohne je an irgendeine Grenze oder Barriere zu stoßen. Und ganz gleich, wie groß oder klein meine zeitweilige Verkörperung ist – dieser Teil der Welt, den ich den meinen nenne und als hier gegeben annehme, für den ich jetzt denke und fühle, den ich als Rückhalt habe, dessen Blickwinkel ich übernommen habe, in dessen Haut ich stecke – sie erweist sich unweigerlich als Leere, als nichts an sich. Die Wirklichkeit hinter allen Erscheinungen ist luzide, offen und vollkommen zugänglich. Ich kenne das geheime Innere jeder Kreatur in- und auswendig, wie entfernt oder abstoßend diese einem Außenstehenden auch erscheinen mag, denn wir alle sind *ein* Körper, und dieser Körper ist eine einzige Leere.

Und jene Leere ist *diese* Leere hier, vollständig und unteilbar, nicht aufgeteilt oder zersplittert in meine, deine, ihre, sondern sie ist zur Gänze hier und jetzt präsent. Diese Stelle, dieser mein Beobachtungsposten, dieses besondere „Loch, wo ein Kopf sein sollte" – genau diese Stelle ist der Grund und das Behältnis aller Existenz, die eine Quelle von allem, die uns (wenn sie „nach dort" projiziert wird) als physische oder phänomenale Welt erscheint, sie ist der eine unendlich fruchtbare Schoß, aus dem alle Wesen geboren werden und in den sie alle zurückkehren. Sie ist absolut nichts und doch alles, die einzige Realität, und doch eine Abwesende. Sie ist mein Selbst. Es gibt überhaupt nichts sonst. Ich bin jeder und niemand und all-ein.

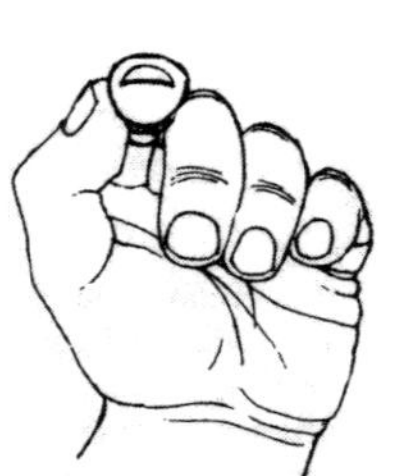

Dann hat die Seele kein weiteres Bewußtsein vom Körper und wird sich selbst keinen fremden Namen mehr geben, nicht Mensch, nicht Lebewesen oder überhaupt etwas.

– Plotin

Nachdem der Körper in einen Abstand abgelegt worden ist wie ein Leichnam, verbindet sich der Weise nie mehr mit ihm.

– Sankara

Wenn man die Augen öffnet und den Körper sucht, ist er nicht mehr zu finden. Das nennt man: In der leeren Kammer brennt Licht. Innen und außen, alles ist gleich hell. Das ist ein sehr günstiges Zeichen.

– Das Geheimnis der goldenen Blüte

Gelobe das perfekte Verständnis zu erreichen, daß der illusorische Körper wie Tau und Blitz ist.

– Zen-Meister Hsu Yun (1959 auf seinem Sterbebett)

3

DIE ENTDECKUNG DES ZEN

In den Monaten und Jahren, die auf meine erste Erfahrung der Kopflosigkeit folgten, bemühte ich mich damals sehr darum, sie zu verstehen. Die Ergebnisse habe ich kurz beschrieben. Das Wesen der Sicht selbst veränderte sich während dieser Zeit nicht, obwohl sie sich leichter einstellte und auch länger anhielt, wenn ich sie erbat. Aber die Vertiefung, das Erkennen ihrer Bedeutung, entwickelte sich erst im Laufe der Zeit, und natürlich wurde dies stark durch das beeinflußt, was ich las. Manche Hilfe und Ermutigung fand ich sicherlich in Büchern – wissenschaftlichen, philosophischen und religiösen. Insbesondere fiel mir auf, daß anscheinend auch einige Mystiker das, als was ich mich selbst hier sehe, ebenso gesehen und geschätzt haben mußten.

Auf der anderen Seite erwies es sich fast immer als völlig fruchtlos, Diskussionen darüber führen zu wollen. „Natürlich kann ich meinen Kopf nicht sehen“, sagten meine Freunde, „na und?“ Und törichterweise pflegte ich darauf zu erwidern: „Na alles! Du und die ganze Welt, Ihr steht nun mal auf dem Kopf, verkehrt herum und von innen nach außen gewendet...“ Es brachte nichts. Ich war nicht in der Lage, meine Erfahrung so zu beschreiben, daß meine Zuhörer sich dafür interessierten, oder ihnen irgend etwas von deren Wesen oder Bedeutung zu vermitteln. Sie hatten wirklich keine Ahnung, wovon ich sprach – eine für beide Seiten peinliche Situation. Hier gab es etwas absolut Offensichtliches, immens bedeutsam, eine Offenbarung reiner und erstaunter Freude – für mich und sonst niemanden! Wenn jemand Dinge sieht, die andere nicht sehen können, dann führt das zu Stirnrunzeln und dazu, daß man einen Arzt ruft. Und da befand ich mich so ziemlich in der gleichen Lage, nur daß es in meinem Fall um ein *Nicht*sehen von Dingen ging. Eine gewisse Einsamkeit und Frustration waren unvermeidlich. So muß sich ein echter Irrer fühlen (dachte ich) – abgeschnitten und unfähig, sich mitzuteilen.

Ferner bestürzte es mich, daß oft gerade die kultivierteren und intelligenteren unter meinen Bekannten besonders unfähig waren, den springenden Punkt zu sehen: Als ob Kopflosigkeit eine infantile Anomalie wäre wie Daumenlutschen, das man schon längst hinter sich gelassen und vergessen haben sollte. Und was Schriftsteller betrifft, so haben sich einige der talentiertesten besonders angestrengt, mir nachzuweisen, daß ich verrückt bin – oder wenn nicht ich, dann vielleicht sie selbst. Chesterton beschließt in seinem *Napoleon of Notting Hill* seine ironische Liste von Science-Fiction-Wundern mit der krönenden Absurdität: Menschen ohne Köpfe! Und der große Philosoph Descartes (der zu Recht für groß gehalten wird, weil er seine revolutionäre Untersuchung damit beginnt, nach dem zu fragen, was eindeutig gegeben ist) setzt noch eins drauf: Er beginnt seine Liste der Gewißheiten – von Dingen, die „wahr sind, weil sie von den Sinnen beobachtet werden" – mit der erstaunlichen Ankündigung: „Erstens nahm ich wahr, daß ich einen Kopf hatte." Sogar der Mann auf der Straße, der es besser wissen sollte, sagt, wenn er ausdrücken möchte, daß etwas total offensichtlich ist: „Wieso, das ist doch so unübersehbar wie die Nase in deinem Gesicht!" Unter allen möglichen Selbstverständlichkeiten greift er ausgerechnet zu diesem Vergleich!

Ich zog weiterhin die Belege, die mir meine Sinne lieferten, allem Hörensagen vor. Wenn es sich hier um Verrücktheit handeln sollte, dann war es zumindest keine aus zweiter Hand. Auf jeden Fall zweifelte ich nie daran, daß das, was ich sah, dem entsprach, was die Mystiker gesehen hatten. Das Merkwürdige war nur, daß es so wenige auf diese Weise gesehen hatten. Die meisten Meister des spirituellen Lebens schienen „ihren Kopf behalten" zu haben, oder falls nicht, so hatten wohl nur wenige diesen Verlust für erwähnenswert gehalten. Und soweit ich feststellen konnte, nahm mit Sicherheit keiner von ihnen die Übung der Kopflosigkeit in irgendeinen Lehrplan für spirituelle Praktiken auf. Warum war ein so offensichtlicher Hinweis, eine so überzeugende und stets präsente Demonstration dieses Nichts, das spirituelle Lehrer nicht müde werden zu verkünden, so vernachlässigt worden? Schließlich ist es auf geradezu absurde Weise augenfällig, es kann einem gar nicht entgehen. Wenn es etwas gibt, das einem ins Gesicht springt, dann dies. Ich war verwirrt, manchmal sogar entmutigt.

Und dann – besser spät als nie – stieß ich auf Zen.

Zen-Buddhismus steht im Ruf, schwer verständlich zu sein – und nahezu unmöglich für Abendländer, denen daher oft geraten wird, wenn möglich ihrer eigenen Religion treu zu bleiben. Meine eigene Erfahrung war das genaue Gegenteil. Nachdem ich über zehn Jahre lang überall sonst weitgehend fruchtlos gesucht hatte, stieß ich hier in den Worten der Zen-Meister endlich auf großen Widerhall zur zentralen Erfahrung meines Lebens: Sie sprachen meine Sprache, redeten von meinem Zustand. Ich entdeckte, daß viele dieser Meister nicht nur ihren Kopf verloren hatten (wie wir das alle haben), sondern sich ihres Zustandes und dessen immenser Bedeutung zutiefst bewußt waren und jedes Mittel benutzten, ihre Schüler zu der gleichen Erkenntnis zu bringen. Lassen Sie mich ein paar Beispiele geben.

Das berühmte *Herz-Sutra*, das die Essenz des Mahayana-Buddhismus zusammenfaßt und das in Zen-Klöstern täglich rezitiert wird, beginnt damit, daß der Körper lediglich Leere ist, und erklärt dann, daß es kein Auge, kein Ohr, keine Nase gibt. Verständlich, daß diese knappe Erklärung den jungen Tung-shan (807-869) verblüffte, und auch sein Lehrer, der kein Anhänger des Zen war, verstand nicht viel davon. Der Schüler betrachtete den Lehrer sorgfältig, erforschte dann sein eigenes

Gesicht mit seinen Fingern. „Du hast ein Paar Augen“, protestierte er, „und ein Paar Ohren und all das andere, und ich habe das auch. Warum sagt uns Buddha, daß es solche Dinge nicht gibt?“ Sein Lehrer erwiderte: „Ich kann dir nicht helfen. Du mußt bei einem Zen-Meister in die Lehre gehen.“

Er ging und folgte dem Rat. Aber seine Frage blieb unbeantwortet, bis er Jahre später beim Gehen zufällig in das stille Wasser eines Teichs blickte. Dort entdeckte er die Merkmale, von denen Buddha gesprochen hatte – sichtbar dort, wo sie hingehörten, wo er sie immer gehabt hatte: Dort drüben in einem Abstand, der diesen Ort für immer rein von ihnen wie von allem anderen hielt. Diese einfachste aller Entdeckungen – diese Offenbarung des absolut Offensichtlichen – erwies sich als die essentielle Erkenntnis, nach der Tung-shan so lange gesucht hatte, und dies führte dazu, daß er nicht nur selbst ein berühmter Zen-Meister wurde, sondern der Gründer des Soto, das heute die größte Sekte im Zen bildet.

Ein Jahrhundert vor diesem Ereignis hatte der Sechste Patriarch des Zen, Hui-neng (637-712), seinen berühmten Rat zum selben Thema gegeben. Er riet seinem Brudermönch Ming, all sein Verlangen und all sein Grübeln anzuhalten und zu *sehen*: „Sieh wie dein eigenes Gesicht jetzt in diesem Augenblick aussieht – das Gesicht, das du hattest, bevor du (und sogar deine Eltern) geboren warst.“ Es wird berichtet, daß Ming darauf den Urgrund aller Dinge, den er bis dahin außen gesucht hatte, in sich entdeckte. Jetzt verstand er das alles und fand sich in Tränen und Schweiß gebadet wieder. Als er sich vor dem Patriarchen verneigte, fragte er ihn, welche anderen Geheimnisse noch zu entdecken seien. „In dem, was ich dir gezeigt habe“, erwiderte Hui-neng, „ist nichts verborgen. Wenn du nach innen schaust und dein eigenes ’Ursprungsgesicht’ erkennst, ist das Geheimnis in dir.“

Hui-nengs „Ursprungsgesicht“ ist die bekannteste und für viele die hilfreichste aller Zen-Koan-Anekdoten. In China soll sie über Jahrhunderte hinweg als einzigartiger Hinweis auf die Erleuchtung gedient haben. Daito Kokushi (1281-1337) zufolge stellen all die siebzehnhundert Zen-Koans eigentlich nur Hinweise auf unser ursprüngliches und merkmalloses Gesicht dar.

Davon sagt Mumon (13. Jh.):

> Du kannst es nicht beschreiben oder zeichnen[1], du kannst es nicht genug preisen oder es wahrnehmen. Es kann keine Stelle gefunden werden, in die man das Ursprungsgesicht einsetzen kann. Selbst dann, wenn das Universum vernichtet ist, wird es nicht verschwinden.

Der Zen-Meister Shih-t’ou (700-790), einer von Hui-nengs Nachfolgern, formulierte es etwas anders. „Entferne deine Kehle und deine Lippen, und laß mich hören, was du sagen kannst“, befahl er. Ein Mönch antwortete: „Ich habe diese Dinge nicht!“ „Dann darfst du das Tor durchschreiten“, war die ermutigende Erwiderung. Und

---

1 Aber man kann es in einer Zeichnung andeuten – siehe Seite 20 – oder vielmehr außerhalb der Zeichnung durch das, was in ihr fehlt.

es gibt eine sehr ähnliche Geschichte eines Zeitgenossen von Shih-t'ou, dem Meister Pai Chang (720-814), der einen seiner Mönche fragte, wie er es wohl fertigbrächte, ohne Kehle, Lippen und Zunge zu sprechen. Natürlich ist es die stille Leere, aus der die Stimme kommt – aus der Leere, von der Huang-po (gest. 850) schreibt: „Es ist allesdurchdringende, makellose Schönheit, es ist das aus sich selbst existierende und unerschaffene Absolute. Wie kann es nun also Gegenstand der Diskussion sein, daß der wahre Buddha keinen Mund hat und kein Dharma verkündet oder daß wahres Hören keine Ohren benötigt, denn wer könnte es hören? Ah, es ist ein unschätzbares Juwel."

Wie es heißt, empfahl Boddhidharma, der Erste Patriarch des Zen (6. Jh.), einen gehörigen Schlag auf den Hinterkopf, um zu solch einer Erkenntnis zu verhelfen. Tai-hui (1089-1163) war ebenso kompromißlos: „Diese Sache (Zen) ist wie ein großes Feuer: Wenn du ihm nahekommst, wird dein Gesicht sicherlich versengt. Dann wieder ist es wie ein Schwert, das gleich gezückt wird. Wenn es einmal aus der Scheide gezogen ist, wird gewiß jemand sein Leben verlieren... Das kostbare *Vajra*-Schwert ist genau hier, und sein Zweck ist es, den Kopf abzutrennen." Dieses Enthaupten war tatsächlich ein geläufiges Gesprächsthema zwischen Zen-Meister und Schüler. Als Beispiel dieser Gedankenaustausch aus dem 9. Jh.:

Lung-ya: Was würdest du tun, wenn ich dir damit drohen würde, dir deinen Kopf mit dem schärfsten Schwert der Welt abzuschlagen?

Der Meister zog seinen Kopf ein.
Lung-ya: Dein Kopf ist ab!
Der Meister lächelte.

Offensichtlich verstanden Meister und Schüler, beide kopflos, sich bestens. Wie gut hätten sie auch den Rat von Muslim Jalalu'l-Din Rumi, Persiens führendem mystischen Dichter (1207-1273), verstanden: „Enthaupte dich selbst! … Löse deinen ganzen Körper in der Schau auf: werde sehend, sehend, sehend!"

„Ich habe von ihm gelernt", sagt ein anderer großer mystischer Dichter, der Inder Kabir (geb. 1440), „ohne Augen zu sehen, ohne Ohren zu hören, ohne Mund zu trinken."

Doch wie konnte Kabir denn sehen, wenn er keine Augen zum Sehen hatte? Nun, wie bereits bemerkt, selbst die moderne Wissenschaft bestätigt, daß wir nicht wirklich mit unseren Augen sehen, sind diese doch lediglich Komponenten in einer langen Kette, die sich von der Sonne über das Sonnenlicht, die Atmosphäre, angestrahlte Objekte, über die Augenlinsen, die Retina und die optischen Nerven bis hin zu einem spukhaften Welle-/Teilchen-Raum in einer Gehirnregion erstreckt, in dem schließlich (wie es heißt) das eigentliche Sehen stattfindet.

Doch je eingehender Physiologen ein Objekt untersuchen, desto näher kommen sie der Leere, die das direkte Erleben des Subjekts selbst ist – der Leere, die der einzige Sehende und Hörende, der einzige Erlebende ist. (Nicht, daß man, wie exakt auch immer die angewandten Instrumente und Methoden sein mögen, durch Erforschung des Objekts jemals zum Subjekt gelangen könnte: Um das zu tun, braucht man seine Aufmerksamkeit einfach nur um 180 Grad umzudrehen.) Und das paßt genau zu dem, was die alten Zen-Meister sagten. „Der Körper“, erzählt uns Rinzai (gest. 867), „weiß nicht, wie man ein Gespräch führt oder wie man einem Gespräch zuhört... Das, was unverkennbar genau dort wahrnehmbar ist, wo du bist, absolut identifizierbar und doch ohne Form –, das ist das, was dem Gespräch zuhört.“ Hier läßt der chinesische Meister, zusammen mit Kabir und all den anderen, das *Surangama Sutra* (eine zeitlich vor dem Zen in Indien entstandene Niederschrift) widerhallen, in dem gelehrt wird, es sei absurd zu glauben, wir würden mit unseren Augen sehen oder mit unseren Ohren hören. Denn jegliche Art von Erfahrung wird überhaupt erst dadurch möglich, daß diese miteinander verschmolzen und in die absolute Leere unseres „ursprünglichen, hellen und entzückenden Gesichts“ verschwunden sind.

Noch früher, nämlich um 300 v. Chr., entwirft der weise Taoist Chuan-tzu ein reizvolles Bild von diesem Gesicht ohne Merkmale, von diesem meinem leeren Kopf. Er nennt ihn „Chaos, der Herrscher des Zentrums“ und stellt dessen totale Leere hier jenen vertrauten siebenlöchrigen Köpfen dort draußen gegenüber: „Streit, der Gott des Südmeeres, und Sorge, der Gott des Nordmeeres, trafen sich einst im Gebiet des Chaos, dem Gott des Zentrums. Chaos bewirtete sie reichlich, und sie berieten gemeinsam, was sie tun könnten, um seine Freundlichkeit zu erwidern. Wie sie bemerkt hatten, verfügte ein jeder sonst über sieben Öffnungen zum Sehen, Hören, Essen, Atmen – nur Chaos hatte keine.

Und so beschlossen sie, den Versuch zu wagen, Löcher in ihn hineinzubohren. Sie bohrten jeden Tag ein weiteres Loch, und am siebten Tage starb Chaos."

Ganz gleich, wie sehr ich mich aufrege, mir Sorgen mache und neue Versuche unternehme, den Herrscher des Zentrums zu töten, indem ich meine menschlichen siebenlöchrigen Merkmale auf ihn übertrage, es wird mir nie gelingen. Die Maske dort drüben im Spiegel kann mein Ursprungsgesicht hier nie je berühren, und noch viel weniger vermag sie es, es zu verunstalten. Auf Chaos, den körperlosen und ewigen König, kann kein Schatten fallen.

Warum liegt nun die Betonung so viel mehr auf dem Verschwinden von Gesicht und Kopf und nicht auf dem des Körpers als Ganzes? Die Antwort ist für einen Menschen einfach erkennbar. (Krokodile und Krabben würden ganz andere Geschichten zu erzählen haben!) Für mich hier ist das Gesicht mit seinen Sinnesorganen nun einmal deswegen etwas ganz besonderes, weil es *immer* abwesend ist, weil es stets in dieser immensen Leere, die ich bin, absorbiert ist, während mein Rumpf, meine Arme, Beine usw. nur gelegentlich auf ähnliche Weise absorbiert sind, aber nicht die ganze Zeit über. Wie viel die Leere momentan einschließt und ausschließt ist unwichtig, denn ich sehe, daß sie grenzenlos leer bleibt und unendlich groß, ganz gleich, welche Größe die begrenzten Objekte haben, die sie umfaßt. Es macht keinen wirklichen Unterschied, ob die Leere meinen

Kopf auflöst (wie beim Herunterschauen) oder meinen Menschenkörper (wenn ich herausschaue), meinen Erdenkörper (wenn ich im Freien nach oben schaue) oder meinen Universumskörper (wenn ich die Augen schließe). Alles, ganz egal wie winzig oder riesig, ist hier gleichermaßen auflösbar, gleichermaßen fähig, mir zu zeigen, daß ich hier ein Nicht-Ding bin.

In der Literatur findet man viele ausführliche Berichte über die Auflösung des ganzen Körpers. Ich zitiere ein paar Beispiele. Yengo (1566-1642) schreibt vom Zen: „Es wird dir vor Augen gehalten, und in diesem Augenblick wird dir die ganze Sache übergeben... Schau in dein ganzes Sein... Laß deinen Körper und deinen Verstand sich in leblose Gegenstände der Natur verwandeln wie einen Stein oder ein Stück Holz. Wenn ein Zustand von absoluter Bewegungslosigkeit und Nichtgewahrsein erreicht ist, werden alle Lebenszeichen aufhören, und auch alle Spuren von Begrenzungen werden verschwinden. Dein Bewußtsein wird von keiner einzigen Vorstellung gestört, wenn du mit einem Mal plötzlich ein Licht wahrnimmst, das voller Freude ist. Es ist, als ob man in tiefer Dunkelheit einem Licht begegnet, wie wenn man in der Armut einen Schatz erhält. Die vier Elemente und die fünf Aggregatzustände (aus denen dein gesamter Körper zusammengesetzt ist) werden nicht mehr als Last empfunden, so unbeschwert, so leicht, so frei bist du. Dein ganzes Dasein ist von allen Beschränkungen befreit; du bist offen, leicht und transparent. Du gewinnst eine erleuchtende Einsicht in die Natur der Dinge selbst, die dir jetzt wie Märchenblumen ohne greifbare Wirklichkeit vorkommen. Hier offenbart sich das unverfälschte

Selbst, das Ursprungsgesicht deines Seins. Hier wird dir ganz nackt die schönste Landschaft deines Geburtsortes gezeigt. Es gibt nur eine offene, gerade Passage, durch und durch unverbaut. Hier gibst du alles auf – deinen Körper, dein Leben und alles, was zu deinem innersten Selbst gehört. Dann erreichst du Frieden, Leichtigkeit, Nicht-Tun und unaussprechliche Freude."

Die charakteristische Leichtigkeit, die Yengo erwähnt, wurde von dem Taoisten Lieh-tzu (ca. 400 v. Chr.) in solchem Maße erlebt, daß er auf dem Wind zu reiten schien. Und so beschreibt er das Gefühl: „Innen und außen verbanden sich zu einer Einheit. Danach gab es keine Unterscheidung mehr zwischen Auge und Ohr, Ohr und Nase, Nase und Mund: alles war gleich. Mein Verstand war erstarrt, mein Körper in Auflösung, mein Fleisch und meine Knochen schmolzen alle zusammen. Ich war mir völlig unbewußt, auf was mein Körper ruhte oder was unter meinen Füßen war. Ich wurde vom Wind hin und her getragen wie trockene Spreu oder Blätter, die von einem Baum fallen. Es war sogar so, daß ich nicht wußte, ob der Wind auf mir ritt oder ich auf dem Wind."

Der Zen-Meister Han-shan aus dem 16. Jahrhundert sagt von einem Erleuchteten, daß sein Körper und sein Herz überhaupt nicht existieren: Sie sind genau wie die absolute Leere. Von seinem eigenen Erleben schreibt er: „Ich ging spazieren. Plötzlich blieb ich stehen, ganz erfüllt von der Erkenntnis, daß ich weder Körper noch Geist hatte. Alles was ich sehen konnte, war ein großes erleuchtetes Ganzes – allgegenwärtig, vollkommen, luzide und klar. Es war wie ein allumfassender Spiegel, von dem die Berge und Flüsse der Erde projiziert wurden... ich fühlte mich klar und durchscheinend."

„Geist und Körper fielen ab!" ruft Dogen (1200-1253) in einer Ekstase der Befreiung aus. „Fielen ab! Fielen ab! Diesen Zustand müßt ihr alle erleben; es ist, wie wenn man Früchte in einen Korb ohne Boden füllt, wie wenn man Wasser in eine Schüssel laufen läßt, die ein Loch hat." „Ganz plötzlich findest du deinen Geist und deinen Körper aus der Existenz ausgelöscht", sagt Hakuin (1685-1768): „Das ist bekannt als den Halt loslassen. Wenn du wieder zu Atem kommst, ist es, als ob du Wasser trinkst und weißt, daß es kalt ist. Es ist unsägliche Freude."

Im zwanzigsten Jahrhundert faßt es D.T. Suzuki so zusammen: „Für Zen ist Inkarnation Exkarnation; das Fleisch ist Nicht-Fleisch. Hier-jetzt ist gleich der Leere (*sunyata*) und der Unendlichkeit." Es ist nicht leicht, außerhalb vom Zen Aussagen zu finden, die so klar und so frei von Religiosität sind wie diese. Es lassen sich aber viele Parallelen in anderen Traditionen finden, sobald man weiß, wonach man sucht. Und das ist auch nicht anders zu erwarten. Denn das essentielle Sehen dessen, was potentiell für alle offenkundig ist, sollte alle Wechselfälle der Geschichte und Geographie übersteigen.

Zwangsläufig finden wir die weitestgehenden Entsprechungen in Indien, dem Ursprungsland des Buddhismus. Sankara (ca. 820), der große Weise und Deuter des Advaita, der absoluten Nondualität, lehrte, ein Mensch dürfe nicht auf Befreiung hoffen, ehe er aufhört, sich mit seinem Körper zu identifizieren, was nichts als eine Illusion ist, die aus Unwissen entsteht: Sein wahres

Sein ist wie Raum, ungebunden, rein, unendlich. Den unwirklichen Körper mit diesem realen Selbst zu verwechseln bedeutet Knechtschaft und Leid. Diese Lehre besteht bis heute in Indien fort.

Einer ihrer neueren Vertreter, Ramana Maharshi (1879-1950), pflegte Fragestellern zu erwidern: „Bisher haben Sie ernsthaft gemeint, Ihr Körper zu sein und eine Form zu haben. Das ist das grundlegende Unwissen, das die Wurzel aller Schwierigkeiten ist."

Auch das Christentum (obwohl es die materialistischste der großen Religionen ist, wie schon Erzbischof William Temple (1881-1944) feststellte) ist sich darüber nicht im Unklaren, daß wahre Erleuchtung die dunkle Undurchsichtigkeit unserer Körper ebenso wie die unserer Seelen auflösen muß.

„Wenn dein Auge einzig ist", sagt Jesus geheimnisvoll, „ist auch dein ganzer Körper voller Licht.[2]" Dieses *einzige* Auge ist mit Sicherheit identisch mit dem kostbaren Dritten Auge des indischen Mystizismus, das den Seher befähigt, zugleich nach innen auf seine Leere und nach außen auf das zu sehen, was diese Leere füllt. Und es ist auch dasselbe wie das „Juwel von unschätzbarem Wert", das wir (der östlichen Tradition zufolge) überall,

---

2 Übersetzung nach dem englischen Zitat aus der King James-Bibel. In der deutschen Einheitsbibel wurde der Vers wie folgt aus dem griechischen Urtext übersetzt: „Wenn dein Auge gesund ist, dann wird dein ganzer Körper hell sein." In der Elberfelder Bibel steht: „Wenn nun dein Auge klar ist, so wird dein ganzer Leib licht sein." (Mt. 6.23) Vor dem Hintergrund von Douglas Hardings Deutung wird die englische Übersetzung „single", einzeln, dem im griechischen Original des Matthäusevangeliums verwendeten Begriff *απλους* auf jeden Fall besser gerecht. *Anm. d. Übers.*

nur nicht hier auf unserer Stirn suchen, wo wir alle es tragen.

Der Benediktinermönch Augustine Baker (1575-1641) schrieb vom christlichen, kontemplativen Menschen: „Schließlich kommt er zu einer reinen und totalen Abstraktion; und dann erscheint er sich selbst als ganz Geist, als hätte er keinen Körper gehabt... Je reiner und perfekter diese Abstraktion ist, desto höher ist der Mensch, der zur Vollkommenheit aufgestiegen ist.“ Dies ist ein Kommentar zu einer wohlbekannten Stelle in *Die Wolke des Nichtwissens*, einem mystischen Werk des 14. Jahrhunderts, das lehrt, daß ein intensives Gewahrsein unserer Nicht-Existenz die Vorbedingung für wahre Freude ist: Denn „alle Menschen haben Anlaß für Leid. Aber besonders fühlt der den Anlaß für Leid, der weiß und fühlt, daß er *ist*.“

Natürlich ist dieses unabdingbare Zunichtewerden des Selbst ein Lieblingsthema der gesamten christlichen Mystik. Keiner beschreibt seine zwei Seiten kühner als Bernard von Clairvaux (1091-1153): „Es ist nicht bloße menschliche Freude, sich selbst so zu verlieren, so von sich entleert zu werden, als ob man beinahe aufhörte, überhaupt zu sein; es ist die Glückseligkeit des Himmels... Wie sonst könnte Gott ‚alles in allem' sein, wenn irgend etwas vom Menschen im Menschen bliebe?“

Manchmal ist im Westen sogar die Sprache der Mystiker so zen-ähnlich wie das, was sie beschreibt. Gerlac Peterson (1378-1411) spricht von einer „Ausstrahlung“, die „so vehement und stark ist, daß alles im Inneren des Menschen, nicht nur sein Herz, sondern der ganze Leib, wunderbar bewegt und erschüttert wird... Sein Inneres wird geklärt ohne jede Trübung.“ Sein spirituelles Auge ist weit offen. Statt in einem Zustand zu verharren, wie Shakespeare ihn beschreibt

> Vergessend, was am mindesten zu bezweifeln,
> Seine gläserne Essenz,

– weswegen er sich wie ein wilder Affe benimmt –, sieht er in seine tiefsten Tiefen, in das transparente Herz der Wirklichkeit.

Da unsere Aufmerksamkeit auf die physische Welt fixiert ist, versäumen wir es, sie zu durchschauen. Indem wir die Informationen aus unserem Inneren mißachten, betrachten wir unsere kleinen, menschlichen Körper als undurchsichtig und von unserem Gesamtkörper, dem Universum, getrennt, das als Folge davon ebenso undurchsichtig und getrennt erscheint. Einige unserer Dichter lassen sich allerdings nicht so sehr täuschen und fallen nicht auf den (sogenannten) gesunden Menschenverstand herein, sondern sie schließen alle Dinge ein und haben ihre wahre Freude an deren Transparenz. Rainer Maria Rilke schrieb von seinem toten Freund:

> Denn Dieses: diese Tiefen, diese Wiesen
> und diese Wasser waren sein Gesicht

und er beließ es nicht beim Auflösen des menschlichen Gesichts und des Körpers: Seine erklärte Mission war es, weiterzugehen und „die Erde, auf der wir leben, und weiter noch, das Universum unsichtbar zu machen und es so in eine höhere Ebene der Wirklichkeit zu verwandeln." Für Rilke hat diese immerwährende Leerheit, unser unsterbliches Gesicht, keine Grenzen. Wie Thomas Traherne (1637-1674) von sich sagt:

> Ich selbst war der Sinn.
> Ich fühlte weder Staub noch Stoff in meiner Seele,
> Weder Rand noch Grenze, wie in einem Gefäß
> wir sie sehen. Mein Wesen war Aufnahmevermögen.

Und in einer besser bekannten Stelle: „Nie wirst du an der Erde rechten Gefallen finden, bis das Meer selbst in deinen Adern fließt, bis dich der Himmel kleidet und die Sterne krönen."

Dies ist nichts anderes als die Zen-Erfahrung des Satori – nur die Sprache ist ein wenig anders. Im Augenblick des Satori gibt es eine Explosion, und der Mensch hat keinen Körper außer dem Universum. „Er fühlt seinen Körper und seinen Geist, die Erde und den Himmel zu einem durchsichtigen Ganzen verschmelzen – rein, frisch und hellwach", sagt der Meister Po Shan:

> Die ganze Erde ist nur eines meiner Augen,
> Nur ein Funken meines leuchtenden Lichts.

In zahlreichen Texten wird uns erzählt, wie der Erleuchtete wie durch Magie Flüsse, Berge, Meere und die große Welt selbst verschlingt, sie alle auf die Leere hier reduziert, auf überhaupt nichts, und dann aus dieser Leere Flüsse erschafft, Berge, Meere, die große Welt selbst.

Er verschluckt ohne das geringste Unbehagen alle Wasser im Westfluß und spuckt sie wieder aus. Er nimmt alle Dinge auf, vernichtet sie und erzeugt alle Dinge. Er sieht das Universum als nichts anderes als das Ausströmen seiner eigenen, unergründlichen Natur, die selbst makellos und absolut transparent bleibt. Jetzt ist er sich selbst wiedergegeben, so wie er wirklich ist: als das innere Herz der Existenz, aus dem alles Sein in Erscheinung tritt. Kurz: er ist vergöttlicht. Im einzigartigen Ursprung verwurzelt ruft er aus: „Ich bin das Zentrum, ich bin das Universum, ich bin der Schöpfer!“ (D.T. Suzuki) Oder:“ Ich bin Ursache meiner selbst und aller Dinge.“ (Meister Eckhart) In der klaren Sprache des Zen ist der räudige Köter zum goldhaarigen Löwen geworden, der in der Wüste brüllt, ungezwungen, frei, energisch, sich selbst genug und allein. Endlich nach Hause gekommen, findet er keinen Platz für zwei. Traherne erinnert wieder an östliche Meister, wenn er ausruft: „Die Straßen gehörten mir, der Tempel gehörte mir, die Menschen gehörten mir, ihre Kleider, ihr Gold und Silber gehörten mir, ebenso wie ihre funkelnden Augen, ihre helle Haut und ihre rotbackigen Gesichter. Der Himmel gehörte mir und die Sonne und der Mond und die Sterne, und die ganze Welt gehörte mir; und ich war ihr einziger Betrachter und Genießer.“

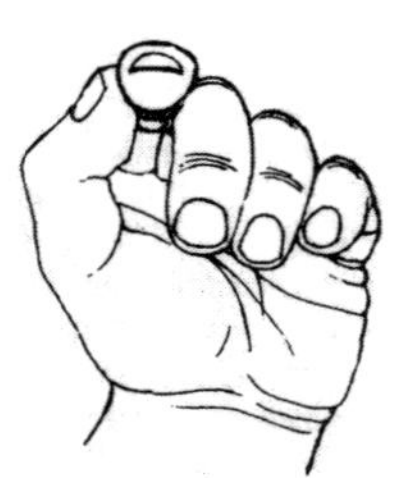

Was ich Perfektion des Sehens nenne, ist, nicht andere, sondern sich selbst zu sehen.

– Chuang-tzu (3. Jh. v. Chr.)

Das Sehen ins Nichts ist das wahre Sehen, das ewige Sehen.

– Shen-hui (8. Jh.)

Der, der weiß, daß er Geist ist, wird Geist, wird alles; daran können ihn weder Götter noch Menschen hindern... Die Götter mögen die nicht gern, die dieses Wissen erlangen... Die Götter lieben das Dunkle und hassen das Offensichtliche.

– Brihadaranyaka Upanishad (7. Jh. v. Chr.)

Die Törichten lehnen das ab, was sie sehen, und nicht das, was sie denken; die Weisen lehnen das ab, was sie denken, und nicht das, was sie sehen...

Nimm die Dinge wahr, wie sie sind, und kümmere dich nicht um andere Leute.

– Huang-po (9. Jh.)

Dem, der nichts weiß, wird es klar enthüllt.

– Meister Eckart (1260-1327)

Welche Regel, glaubst du, habe ich befolgt? Wahrhaftig eine merkwürdige, aber die beste in der ganzen Welt. Mich führte ein bedingungsloser Glaube an Gottes Güte, und ich wurde deshalb zum Studium der naheliegendsten und gewöhnlichsten Dinge geführt.

– Thomas Traherne (1637-1674)

Wer an dem zweifelt, was er sieht, wird nie glauben, mach was du willst.

– William Blake (1757-1827)

Die Aspekte der Dinge, die für uns am wichtigsten sind, sind uns wegen ihrer Einfachheit und Bekanntheit verborgen.

– Ludwig Wittgenstein (1889-1827)

Der entwendete Brief in Edgar Allan Poes Geschichte (1845) „entzog sich dem Gesehenwerden durch extreme Augenfälligkeit". Der Schurke „legte den Brief unmittelbar unter die Nase der ganzen Welt und verhinderte so, daß ihn irgendein Teil der Welt wahrnahm."

4

DER AKTUALISIERTE STAND DER DINGE

Die acht Etappen des kopflosen Weges

Über vierzig Jahre sind vergangen seit meiner „Himalaya-Erfahrung“ aus heiterem Himmel, und mehr als zwanzig Jahre ist es her, seit ihre vorstehende Beschreibung erstmals veröffentlicht wurde. Es waren erfüllte Jahre – eine Zeit mit vielen Überraschungen und manchen Erschütterungen –, in denen die Erfahrung sich zu einem Weg geweitet hat (für den sich „Der Kopflose Weg“ als Name genau so gut eignet wie jeder andere), und vieles konnte über diesen Weg in Erfahrung gebracht werden – über seine Kurven und Biegungen, sein Fließen und seine Blockierungen, wie über seine generelle Begehbarkeit. Ein Gesamtplan über den ganzen Weg, ganz von Anfang an (lange vor der „Himalaya-Schau“), ist längst überfällig. In diesem Schlußkapitel soll der Versuch unternommen werden, solch eine Landkarte zu zeichnen. Sie gibt natürlich nur eine der zahllosen Varianten auf diesem archetypischen Weg wieder, der (mit den Worten der *Brihadaranyaka Upanishad*) „vom Unwirklichen zum Wirklichen, aus der Dunkelheit zum Licht, vom Tod zur Unsterblichkeit“ führt. Hier und da trifft er sich mit dem Weg des Zen und vereinigt sich mit ihm, anderswo verläuft er separat. Wenn er geradliniger und leichter erscheint als der alte fernöstliche Weg, so liegt dies daran, daß er uns durch die vertraute Landschaft der zeitgenössischen westlichen Kultur führt, und nicht etwa, weil er kürzer oder ebener verliefe. Denn das tut er nicht. Natürlich bedeutet dies nicht, daß sich unsere detaillierte Streckenführung für jeden westlichen Reisenden gleichermaßen eignen würde. Außer auf den ersten drei Etappen (die wir alle durchlaufen) orientiert sich unsere Karte – und das kann nur so sein – an der Reiseroute des Autors. Inwieweit sie mit der des Lesers übereinstimmt, möge dieser selbst entscheiden. Abweichungen müssen vorkommen, sogar sehr starke. Zumindest aber die Anfangsetappen unserer Kartenskizze werden zeigen, wie weit der Leser selbst schon gekommen ist, und die später folgenden werden ihm eine Vorstellung davon vermitteln, was ihm noch bevorsteht – die Marksteine und Zwischenstationen, die Sackgassen und Fallen, auf die er wahrscheinlich stoßen wird –, falls er sich auf dem Kopflosen Weg wiederfindet.

Alle Wege lassen sich in mehr oder weniger willkürliche und einander oft überschneidende Etappen einteilen. Hier unterscheiden wir deren acht: 1. Das kopflose Kleinkind, 2. Das Kind, 3. Der verkopfte Erwachsene, 4. Der kopflose Seher, 5. Die Praxis der Kopflosigkeit, 6. Die Vertiefung der Praxis, 7. Die Barriere, 8. Der Durchbruch.

1. Der kopflose Säugling

Als Kleinkind waren Sie insofern wie ein Tier, als Sie *für sich selbst* kopflos, gesichtslos und augenlos waren, unermeßlich, ganz, nicht getrennt von Ihrer Welt – ohne Bewußtsein Ihres gesegneten Zustands. Unbewußt lebten Sie ungehindert aus dem, WAS und WO Sie sind, von Ihrem Ursprung her, und haben schlicht auf das Gegebene vertraut. Was Ihnen präsentiert wurde, war wirklich *präsent* – der Mond war nicht größer oder weiter weg als die Hand, die nach ihm griff. Ihre Welt war wirklich *Ihre* Welt – sie war Ihnen durch die Distanz, jenen denkbar geschicktesten und raffgierigsten unter allen Gelegenheitsdieben, noch kein bißchen abspenstig gemacht worden. Das Offensichtliche war wirklich *offensichtlich* – Ihre Rassel existierte nicht mehr, wenn sie außer Sicht geriet. Verschwinden bedeutete Vernichtung. Sie erhoben keinen Anspruch auf jenes Gesicht dort in Ihrem Spiegel. Es blieb dort drüben, es gehörte einem anderen Baby, nicht Ihnen.

2. Das Kind

Nach und nach erlernten Sie die verhängnisvolle, grundlegende Kunst, aus sich herauszugehen und auf sich selbst zurückzublicken, als ob Sie sich ein paar Schritte entfernt hätten und sich selbst durch die Augen anderer „sähen“ als ein, von deren Standpunkt aus, menschliches Wesen wie diese, mit einem gewöhnlichen Kopf auf Ihren Schultern. Normal, aber einzigartig. Sie begannen, sich mit diesem Gesicht in Ihrem Spiegel zu identifizieren und auf dessen Namen zu reagieren. Doch *für sich selbst* blieben Sie frei, kopflos, grenzenloser Raum, in dem Ihre Welt sich ereignet. Es ist sogar wahrscheinlich, daß Sie sich ab und zu dieses Raums bewußt wurden. (Ein Kind neigt dazu zu fragen, warum die anderen Köpfe haben und es selbst nicht, oder zu erklären, daß es nicht da sei, nicht anwesend, unsichtbar. Als Carlos bei der Feier zu seinem dritten Geburtstag gebeten wurde, seine verschiedenen Tanten und Onkel ausfindig zu machen, zeigte er richtig der Reihe nach auf sie. Dann fragte ihn jemand, wo denn Carlos ist. Er fuchtelte ziellos mit den Händen herum. Carlos konnte Carlos nicht lokalisieren. Bei einer späteren Gelegenheit, als man mit ihm schimpfte, er wäre ein ungezogener Junge, hatte er keine Einwände, *ungezogen* genannt zu werden, aber er protestierte dagegen, ein *Junge* zu sein. Kurz darauf ging er zu seiner Großmutter und erklärte ihr, er *wäre* ein Junge!)

In diesem Stadium ist man nahe dran, das Beste aus beiden Welten zu machen – der grenzenlosen nichtmenschlichen Welt, aus der wir kommen, und der begrenzten menschlichen Welt, in die man eintritt. Eine allzu kurze Zeitlang haben Sie tatsächlich *zwei* Identitäten nebeneinander laufen, zwei Versionen Ihrer selbst. Wenn es um Sie selbst geht, sehen Sie sich noch immer als kein „Ding", sind entrückt, unermeßlich, frei, sich bis zu den Sternen ausdehnend (obwohl diese nun schon weit weg sind, sind Sie immer noch fähig, sie zu umfassen: Es sind immer noch *Ihre* Sterne), während Sie in sozialer Hinsicht immer mehr das Gegenteil von all dem werden. Wenn wir Erwachsenen wie die Kinder werden müssen, um in das himmlische Königreich einzutreten, dann so wie die Kleinen dieses glücklichen Alters (bis zu etwa fünf Jahren) – Kleine, die für sich selbst Große und immer noch unermeßlich sind, wirklich weit erwachsener als die sogenannten Erwachsenen!

3. Der verkopfte Erwachsene

Menschen entwickeln sich allerdings in erstaunlich unterschiedlichen Geschwindigkeiten. Poppy z. B. betrachtete sich schon mit zwei Jahren gern im Spiegel. Und mit zwei Jahren und drei Monaten, als ihre Mutter (unklugerweise, wie ich meine) andeutete, daß da vielleicht gar kein Gesicht oder nur Leere diesseits des Spiegels sei – genau da, wo sie war –, erwiderte Poppy: „Sag so was nicht, das macht mir Angst!“ Anscheinend beginnt schon von einem frühen Alter an unsere angelernte Sicht unserer selbst unsere ursprüngliche innere Sicht unserer selbst zu überschatten, zu überlagern und schließlich auszulöschen. Wir sind abwärtsgewachsen, nicht aufgewachsen. Statt mit den Sternen zusammen dazusein – und mit allen Dingen unter den Sternen –, sind wir geschrumpft und haben uns von ihnen zurückgezogen. Statt unsere Welt zu umfassen, umfaßt sie jetzt uns – das, was von uns übrig ist. Ist es da ein Wunder, daß Sie und ich, vom Sein des Ganzen zum Sein dieses winzigen Teils reduziert, uns in allen möglichen Schwierigkeiten wiederfinden, daß wir habgierig werden, verbittert, entfremdet, verängstigt, niedergeschlagen, müde, erstarrt, lieblos, imitierend statt kreativ – schlicht: verrückt? Oder präziser gesagt:

Habgierig – weil wir um jeden Preis so viel wie möglich von unserem verlorenen Reich wiedererlangen und anhäufen wollen.

Verbittert oder aggressiv – weil wir auf Rache sinnen an einer gesellschaftlichen Ordnung, die uns grausam herabgestutzt hat.

Entfremdet, einsam, mißtrauisch – weil wir krankhaft meinen, daß Menschen und Tiere und sogar unbelebte Gegenstände sich von uns fernhalten, unnahbar und distanziert sind. Und wir weigern uns zu sehen, wie diese Distanz zu nichts zusammenschrumpft, so daß sie alle in Wirklichkeit hier bei uns sind, unsere Familie und Vertrauten sind, näher als nah.

Verängstigt – weil wir uns selbst als Dinge ansehen, die es mit allen anderen Dingen aufnehmen müssen und ihnen ausgeliefert sind.

Niedergeschlagen – weil alles, was man für dieses individuelle Etwas tut, Versagen garantiert: Der wahrscheinliche Ausgang selbst unserer „erfolgreichsten“ Unternehmungen ist Desillusionierung, das sichere Ende ist der Tod.

Müde – weil das Errichten, Erhalten und ständige Anpassen dieses imaginären Gehäuses, in dem es zu leben gilt, genau hier so viel Energie verbraucht.

Erstarrt, ernst, unnatürlich, unecht – weil wir eine Lüge leben, und zwar eine plumpe, starre, vorhersagbare, engherzige, beschränkende Lüge.

Lieblos – weil wir alle anderen von dem Raum ausschließen, den wir einzunehmen meinen, indem wir so tun, als wären wir nicht offen geschaffen, nicht für das Lieben geschaffen.

Unkreativ – weil wir uns selbst von unserem Ursprung und Zentrum abgeschnitten haben und uns für eine bloß lokale Wirkung halten.

Verrückt – weil wir Dinge „sehen", die nicht da sind, und tatsächlich (allen Beweisen zum Trotz) glauben, daß wir bei 0 Zentimetern das *sind*, wonach wir in einem Abstand von 180 Zentimetern *aussehen* – nämlich wie feste, undurchsichtige, farbige, begrenzte Klumpen Materie. Wie können unser Leben und unsere Welt normal sein, wenn deren eigenes Zentrum verrückt geworden ist?

Sofern wir nicht an diesen multiplen Behinderungen leiden, bleiben wir „im Herzen kleine Kinder" auf Stufe 2, kopflos, durchsichtig, licht und mehr oder minder unbewußt in Berührung mit der Wahrheit dessen, was wir sind. Oder wir sind schon bis zu einer viel späteren Etappe vorgerückt. Jedenfalls ist der wesentliche Grund, warum so viele von uns über die Runden kommen, ohne chronisch krank oder total verrückt zu werden, sowohl einfach als auch beruhigend. Wenn wir im Alltag oft vernünftig, liebevoll, großzügig, heiter, ja sogar glücklich sind, so liegt das daran, daß wir alle – egal auf welcher Stufe wir angekommen sind – in unserer gemeinsamen Quelle und unserer zentralen Vollkommenheit verwurzelt sind und aus ihr heraus leben, aus ein und derselben Kopflosigkeit heraus, dem Ursprungsgesicht, der Transparenz oder dem gewahrgewordenen Nichts. Wir sind von jeher vollkommen erleuchtet durch ein und dasselbe innere Licht, ob wir es durchscheinen lassen oder nicht.

Unser Glück ist tief eingewurzelt und real, während unser Unglück nur flache Wurzeln treibt und irreal ist, aus der Täuschung geboren, aus der Unwissenheit. Wir leiden, weil wir die Tatsache übersehen, daß wir im Innersten völlig in Ordnung sind.

Was die Frage aufwirft: Ist Etappe 3 – jener Abschnitt des Weges, der so sehr mit Leiden und Illusion gepflastert ist – nur ein riesiger Fehler, eine unnötige Schleife, die umgangen werden kann und sollte? Ist es möglich – mit Hilfe etwa von erleuchteten Eltern und Lehrern –, von der Kindheit der Stufe 2 in das wahre Erwachsensein oder die Seherschaft später folgender Stufen zu springen und damit den schlimmsten Schwierigkeiten, die wir gerade aufgezählt haben, aus dem Weg zu gehen? Mit anderen Worten: Kann man ein Vollmitglied dieses Clubs namens „Menschliche Gemeinschaft" werden und seine unschätzbaren Privilegien und Einrichtungen genießen, ohne sich je der Lüge zu verschreiben, auf der sie gegründet ist, ohne sich je an dem ununterbrochenen Face-Game[3] des Clubs zu beteiligen, ohne je so zu werden *wie sie*?

---

3 *The Face Game* (von D. E. Harding in *Transactional Analysis Bulletin*, April 1967) betrachtet die zahllosen und oft verzweifelten „Spiele, die die Menschen spielen" als Ableger dieses Spiels der Spiele. Wenn man sie hier und da zurechtstutzt, so treiben sie vielleicht an anderer Stelle um so stärker aus. Um sie alle loszuwerden und von diesem Spiel frei zu werden, muß der Hauptstamm abgetrennt werden, der auf dem Vorwand beruht, daß es hier jemanden gibt, der Spiele spielen könnte – eine Person (*persona*, Maske), ein Gesicht hier, wo ich bin, das Ihrem Gesicht dort entgegentritt, vis-à-vis, von Partner zu Partner, in einer symmetrischen (und deshalb Spiele spielenden) Beziehung.

Rilke, der ein schmerzliches Ereignis seiner Kindheit beschreibt, hatte diesbezüglich wenig Hoffnung: „Aber dann kommt das Ärgste. Sie nehmen ihn bei den Händen, sie ziehen ihn an den Tisch, und alle, soviel ihrer da sind, strecken sich neugierig vor die Lampe. Sie haben es gut, sie halten sich dunkel, und auf ihn allein fällt, mit dem Licht, *alle Schande, ein Gesicht zu haben*. Wird er bleiben und das ungefähre Leben nachlügen, das sie ihm zuschreiben, und ihnen allen mit dem ganzen Gesicht ähnlich werden?“[4]

Die Frage ist also, ob wir uns diesem imaginären „Dutt“, diesen blamablen und (sofern sie „greifen“) bösartigen Wucherungen, welche die Gesellschaft zwischen unseren Schultern einzupflanzen und zu züchten verfügt hat, ob wir uns diesen Gewächsen und allem, was sie mit sich bringen, verweigern können?

Die Antwort lautet: Nein, nicht in der Praxis. Es gibt keinen Ausstieg, keine Abkürzung. Wir müssen uns der Mühe unterziehen und diese ganze lange Serpentine hinter uns bringen. Tatsächlich gibt es manche, die sich dem nicht fügen und die nie dorthin kommen, sich selbst aus gewisser Entfernung als zweite oder dritte Person zu sehen. Wie der ältere Bruder in der Geschichte vom verlorenen Sohn verharren sie zu Hause und bleiben in aller Unschuld erste Person Singular Präsens. Das ist nun auch kein beneidenswerter Zustand. Unfähig zu erfassen, wie andere sie sehen, und damit klarzukom-

4 R. M. Rilke, *Die Aufzeichnungen des Malte Laurids Brigge*. In: R. M. Rilke, Werke in drei Bänden, hgg. von Ernst Zinn, Bd. 3. Prosa, Frankfurt a.M. 1966, S. 340. Hervorhebung durch D. E. Harding.

men, bezeichnet man sie als „Zurückgebliebene“ oder Schlimmeres, und sie neigen dazu, sich entsprechend zu verhalten und bedürfen institutioneller Fürsorge. Es gibt tatsächlich keine Route vom Paradies der Kindheit zum Himmel der Seligen, die nicht durch das ferne Land, durch irgendeine Art von Hölle oder wenigstens Fegefeuer führt. Um unseren eigenen Willen wirklich loslassen und unser persönliches, separiertes Ego aufgeben zu können (und so zu den späteren Etappen unserer Reise zu gelangen), müssen wir in diesem Stadium Vollmitglieder in dem Verein sein, der sich der Kultivierung dieses Egos widmet. Solange wir kleine Kinder sind, ist unsere Egozentrik noch zu oberflächlich, zu ineffektiv, unbeständig und unvoreingenommen, noch zu wenig unsere eigene, um sie aufzugeben. Um unsere Köpfe wirklich zu verlieren, müssen wir sie erst einmal fest aufgesetzt haben. Um wirklich klar und eindringlich zu schätzen, was wir sind, müssen wir zunächst mit dem identifiziert sein, was wir nicht sind. Um das total Offensichtliche wirklich zu würdigen, müssen wir zunächst die Gewohnheit annehmen, es zu übersehen und zu leugnen. Das Universum ist so beschaffen, daß wahre Befreiung nicht *in vacuo* geschieht: Es geht um Befreiung von dem, was falsch ist – ohne das ist es überhaupt keine Befreiung. Und so kommt es, daß unser Sorgenregister – unsere ach so unvollständige Leidensgeschichte – nicht nur Leid ist. Vielmehr ist sie die Vorbedingung für eine Freiheit, die anders nicht zu haben ist. Das Leid trägt ungemein und wesentlich zur Erkenntnis bei – zu dieser Wiederentdeckung des Offensichtlichen –, durch die es sich schließlich selbst überwindet und Heilung im allgemeinen und besonderen bewirkt. Es liegt der höchsten Glückseligkeit zugrunde, die (wie wir noch sehen werden) gegen Ende der Reise gefunden werden kann. Bis dahin liefern uns unsere Sorgen die denkbar stärksten Motive, um weiterzumachen. Wer möchte in dieser schmerzlichen Gegend schon länger als nötig festgehalten werden? Und wer wollte nicht noch weiterkommen, jetzt, da er schon so weit auf dem Weg vorangeschritten ist – zumal unsere nun folgende Etappe die bei weitem leichteste und unkomplizierteste von allen ist?

4. Der Kopflose Seher

Um diese vierte Etappe der Reise anzutreten, braucht man nichts weiter zu tun, als – wenn auch nur kurz – den Richtungspfeil seiner Aufmerksamkeit umzudrehen. Die *Katha Upanishad* drückt es so aus: „Gott ließ die Sinne sich nach außen wenden. Deshalb blickt der Mensch nach außen, nicht in sich hinein. Aber gelegentlich hat eine wagemutige Seele mit dem Wunsch nach Unsterblichkeit zurückgeschaut und sich selbst gefunden." Eigentlich braucht eine „wagemutige Seele" keine Ermutigung. Sie ist von zahllosen Fingerzeigen und Gelegenheiten umgeben, von zahllosen Möglichkeiten, den Pfeil der Aufmerksamkeit umzudrehen – wenn sie nur genügend danach dürstet, ihre eigene wahre Identität zu erfahren, und *wenn sie nur willens ist, einen Augenblick lang ihre Meinung über sich selbst beiseitezuschieben, die auf Hörensagen, Erinnerungen und Vorstellungen basiert, und den GEGENWÄRTIGEN*

BEWEISEN vertraut. Hier sind drei der vielen Möglichkeiten, diese Richtungsumkehr zu vollziehen, die der aufmerksame und aufrichtige Leser sofort ausprobieren kann:

1. Das, *auf* was Sie jetzt schauen, ist der hier gedruckte Text. *Aus* was Sie jetzt *heraus*schauen, ist leerer Raum für das hier Gedruckte. Wenn Sie Ihren Kopf dagegen eintauschen, stellen Sie dem nichts in den Weg: Sie verschwinden zu seinen Gunsten.

2. Das, woraus Sie jetzt herausschauen, sind nicht zwei kleine und festsitzende „Fenster", die Augen genannt werden, sondern es ist ein riesiges und weit geöffnetes „Fenster" ohne jeden Rand. In Wirklichkeit *sind* Sie dieses rahmenlose, glaslose „Fenster".

3. Um sich davon zu überzeugen, brauchen Sie nur auf das eine „Fenster" zu zeigen und festzustellen, auf was – wenn überhaupt auf irgendwas – dieser Finger zeigt. Bitte machen Sie genau das, jetzt...

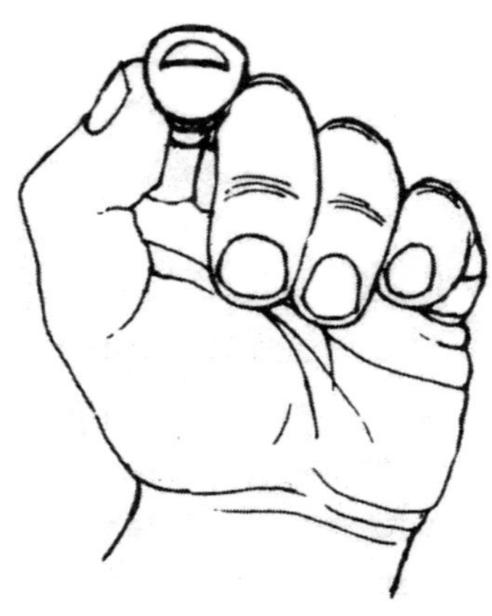

Im Gegensatz zum ersten Eindruck stellt sich ohne Zweifel heraus, daß bewußte Kopflosigkeit oder Transparenz – dieses Sehen in das Nichts-genau-da-wo-man-ist – mehrere einzigartige Vorzüge hat. *Es gibt überhaupt keine vergleichbare Erfahrung*. Hier sind nur fünf ihrer Eigenarten – die der Leser nicht glauben, sondern verifizieren soll:

Erstens: Dieses Nach-innen-Sehen wurde all die Jahrhunderte lang zwar als das schwierigste auf der Welt dargestellt, doch der Clou ist, daß es tatsächlich ausgesprochen leicht geht. Auf diesen frommen Schwindel sind zahllose ernsthafte Sucher hereingefallen. Der Schatz der Schätze, bei dessen Suche sie sich so zermürbt haben, ist in Wirklichkeit ungemein leicht zugänglich, er liegt so offen, so unverhohlen augenfällig direkt vor unserer Nase, die ganze Zeit hell angestrahlt auf dem Präsentierteller. Die Beschreibung, die Buddha im Pali-Kanon vom Nirvana gibt, „in diesem Leben sichtbar, einladend, attraktiv, erreichbar“, ist eindeutig wahr und absolut einleuchtend. Dasselbe gilt für die Feststellung des Meisters Ummon, daß der *erste* Schritt auf dem Pfad des Zen das Sehen in unsere eigene Natur der Leere ist: Schlechtes Karma wird man erst nach diesem Sehen los – nicht vorher. Ebenso besteht auch Ramana Maharshi darauf, es sei leichter zu sehen, WAS und WER wir wirklich sind, als „eine Stachelbeere auf dem Handteller“ zu sehen –, und wie so oft bestätigt dieser Hindu-Weise die Lehre des Zen.

All das bedeutet, es gibt keinerlei Vorbedingung für dieses essentielle Nach-innen-Schauen. Die eigene Natur wird einem fortwährend klar vorgeführt, und man muß schon staunen, daß man je so tun konnte, als wäre es anders. Die eigene Natur ist jetzt verfügbar, einfach so, wie man ist, und es ist nicht Voraussetzung, daß der Seher heilig, gebildet, intelligent oder auf irgendeine Weise besonders sein müßte. Eher im Gegenteil! Was für ein toller Nutzen und welch eine Chance!

Zweitens: Das allein ist wirkliches Sehen. Man kann es nicht falsch machen, es ist ziemlich narrensicher. Schauen Sie jetzt, ob es möglich ist, *mehr oder weniger* kopflos zu sein, die Leere da, wo Sie sind, teilweise oder undeutlich zu erkennen. Das Sehen des *Subjekts* ist eine perfekte Erfahrung, eine Alles-oder-nichts-Erfahrung, das Sehen von *Objekten* (wie dieser Seite mit den schwarzen Zeichen und den Händen, die sie halten, sowie deren Hintergrund) ist verglichen damit ein flüchtiger Abklatsch: Ein riesiger Anteil der Szene bleibt unbeachtet, wird einfach nicht registriert. Der Blick nach draußen ist niemals klar, der Blick nach drinnen niemals trübe – darauf weisen auch die Zitate von Chun-tzu und Shen-hui hin, die diesem Kapitel vorangestellt sind.

Drittens: Dieses Sehen geht tief. Die klarste und weiteste Sicht *nach außen* stellt sich als oberflächlich heraus – ein Blick in eine Sackgasse –, verglichen mit dem Sehen *nach innen* in die Kopflosigkeit, das einfach ewig weiter und weiter reicht. Man könnte es als in die tiefsten Tiefen unserer bewußten Natur reichend beschreiben und darüber hinausgehend in den Abgrund jenseits des Bewußtseins, ja sogar jenseits der Existenz selbst, aber das ist zu kompliziert und führt zu weit.

Was für ein Ausblick – oder vielmehr Einblick – von Transparenz eröffnet sich, wenn wir es in aller Schlichtheit wagen, auf den Punkt zu zeigen, den wir angeblich einnehmen! Sich selbst beweisend und sich selbst genug entzieht er sich jeder Beschreibung, da er nichts anbietet, das sich beschreiben ließe. Gesehen wird der Seher und sein Sehen, und das läßt in ihm keinen Zweifel daran, woher er kommt. Hier ist eine Erfahrung, die einzigartig unmittelbar, vertraut und unzweifelhaft ist. Sie überzeugt so sehr wie nichts sonst. „Es ist nicht mehr nötig zu glauben", sagt der Sufi Al-Alawi, „wenn man die Wahrheit *sieht*."

Viertens: Diese Erfahrung läßt sich auf eindeutige Weise mitteilen, denn sie ist für alle absolut gleich – für den Buddha, für Jesus, für Shen-hui, für Al-Alawi, für Sie und mich. Das ist natürlich deshalb so, weil in ihr nichts ist, worin man sich unterscheidet, nichts, was schiefgehen könnte, nichts Spezifisches oder rein Persönliches oder Privates. In der Kopflosigkeit finden wir endlich den gemeinsamen Nenner. Wie anders das als bei allen anderen Erfahrungen ist, die sich so schwer vermitteln lassen! Ganz gleich wie plastisch Sie Ihre Wahrnehmungen, Gedanken und Gefühle einem anderen Menschen gegenüber zu beschreiben und zu schildern versuchen: sie können sich nie sicher sein, daß er dabei das gleiche verspürt. (Sie und er sind sich darin einig, eine Blume als rot zu beschreiben, als schön, als interessant und so weiter, aber die innere Erfahrung, die mit diesen Bezeichnungen verbunden ist, ist im wesentlichen persönlich und kann jemand anderem unmöglich vermittelt werden. Ihre eigentliche Erfahrung von Rot zum Beispiel könnte dessen Erfahrung von Rosa oder sogar Blau sein.) Kehren wir aber den Pfeil der Aufmerksamkeit um, so treten wir unmittelbar in die Zone der Gewißheit ein. Hier und einzig hier, auf der Ebene dessen, was als unser gesichtsloses Gesicht und unsere wahre Natur angesehen wird, herrscht perfekte Kommunikation, immerwährende Übereinstimmung, hier entfällt jede Möglichkeit für Mißverständnisse. Dieser Gleichklang kann gar nicht hoch genug bewertet werden, denn er ist die grundlegendste Übereinkunft darüber, WAS wir und alle Wesen *wirklich* sind. Im Licht dieses Grundkonsenses können wir es uns leisten, uns in jeder Hinsicht als das, was wir zu sein *scheinen*, als Erscheinungen, zu unterscheiden.

Also läßt sich diese wesentliche Erfahrung im Prinzip ohne jegliche Einbußen oder Verzerrungen einem jedem vermitteln, der sie machen möchte. In der Praxis sind allerdings geeignete Vermittlungsmethoden wichtig. Zum Glück gibt es einige, die nahezu einhundertprozentig wirksam sind und innerhalb von Sekunden funktionieren. Dazu gehören der zeigende Finger und das „einzelne“ Auge, die wir hier schon benutzt haben. Zudem haben sich der Autor und seine Freunde in den letzten zwanzig Jahren jede Menge weitere Übungen ausgedacht – von denen einige mit anderen Sinnen als dem Sehsinn arbeiten, viele davon beziehen den ganzen Körper mit ein, und praktisch alle eignen sich für die Arbeit in Gruppen jeder Größe. (Zu näheren Angaben verweise ich auf weitere Bücher von mir und auf das Nachwort am Ende dieses Buches.) Eine solche Vielfalt von Zugängen zu unserer wahren Natur ist zwar recht nützlich

– als geeignete Pforten für jeweils unterschiedliche Temperamente, Kontexte, Kulturen und Epochen –, aber sie ist gleichwohl doch nur Beiwerk. Es mag ganz zweckmäßig erscheinen, wenn wir zwischen verschiedenen Türen wählen können, um zu unserem Zuhause zu gelangen, doch wenn wir erst einmal drin sind, was schert es uns dann noch, durch welche wir hereingekommen sind? Jeder Eingang – zu diesem Ort, den wir tatsächlich nie verlassen können – ist ein guter Eingang.

Fünftens und letztens: Dieser Einblick ins eigene Nichts steht uns dauernd offen – egal in welcher Stimmung wir sind, ganz gleich was wir vorhaben und wie aufgeregt oder ruhig wir gerade sind –, wirklich jederzeit, wenn wir ihn brauchen. Im Gegensatz zu Gedanken und Gefühlen (selbst den „reinsten“ oder „spirituellsten“) ist er sofort verfügbar, einfach indem man nach innen schaut und hier keinen Kopf vorfindet.

Wir haben soeben fünf unschätzbare Vorteile dieses einfachen Nach-innen-Schauens untersucht und dabei festgestellt, daß es geradezu lächerlich einfach funktioniert, komplett narrensicher ist, ausgesprochen tief reicht, auf einzigartige Weise mitteilbar und jederzeit anwendbar ist. Doch es gibt auch eine Kehrseite dieser prächtigen Medaille, eine ganze Reihe von Schwachstellen oder, wenn man so will, Pferdefüßen, die sich bei der Praxis in den letzten zwanzig Jahren gezeigt haben.

Einige dieser scheinbaren Nachteile ergeben sich direkt aus den Vorteilen dieser Innenschau. Zum Beispiel: Gerade weil sie so offensichtlich, so einfach auf Abruf zugänglich ist, so natürlich und alltäglich wirkt, kann man sie auf geradezu tragische Weise leichtfertig unterschätzen oder sogar als absolut trivial abtun. Eigentlich werden ihre immense Tiefe und spirituelle Kraft beinahe immer übersehen, zumindest anfangs. Wie, so wird dagegengehalten, sollte denn eine so preisgünstig (tatsächlich sogar gratis) erhältliche Erkenntnis bloß so wertvoll sein können? Es gilt doch: Wie gewonnen, so zerronnen. Wieviel spirituelle Arbeit haben wir denn schon aufwenden müssen, um uns ein derart lohnendes Geschenk verdient zu haben? Und dann sollen wir auch noch ganz ohne jegliche mystische Legitimation zu dieser wohlfeilsten aller Erkenntnisse gelangen, ohne irgendeine Explosion des kosmischen Bewußtseins, ganz ohne Ekstase? Im völligen Gegensatz zu dieser Erwartung ist es eher ein Rekordtief als ein Hoch, eher ein Tal als eine dieser berühmten Gipfelerfahrungen. Was ist denn daran nun so „himalayahaft"?

Es ist ja wirklich irreführend, daß das Buch in diesen Bergen mit all ihren erhabenen spirituellen Assoziationen beginnt und so die erforderliche Bescheidenheit und Gewöhnlichkeit dessen überlagert, was sich nur zufällig dort ereignete. Sein wahres Gesicht mit all seiner unscheinbaren Einfachheit kann man ebenso leicht in einem Verkehrsstau oder einer öffentlichen Toilette sehen, das wird dann viel weniger leicht mit irgendeiner Errungenschaft verwechselt. Und die tatsächliche Erfahrung kann – im Gegensatz zur Bühne, auf der sie sich ereignete, sei diese nun grandios oder öde – nicht archiviert und von Zeit zu Zeit zum Zwecke einer liebevollen Betrachtung hervorgeholt werden, ja sie kann überhaupt nicht erinnert werden. Sie ist JETZT oder nie. Sie ist nur in der zeitlosen Zone[5] aufzufinden. Was Sie sind, hat keine Zeit, braucht aber auch keine, um überhaupt irgend etwas zu bedeuten.

Kein Wunder also, daß Es zu sehen (was nichts anderes ist, als Es bewußt zu sein) eine so nackte, karge und sogar triste Erfahrung ist. Die Tatsache, daß diese Erfahrung als „nicht-religiös" und „emotionslos", als „kalter wissenschaftlicher Beweis oder Tatbestand", als „nüchtern und ohne besonderen Zauber" erlebt wird, beweist ihre Echtheit. „Hier ist nichts mit leuchtenden Farben gemalt, alles ist grau und höchst unauffällig und unattraktiv." So lauten die wenig begeisterten Kommentare, die das anfängliche Blicken ins Nichts hervorrufen kann, und das mit gutem Grund. (Die Zitate hier stammen übrigens von dem bekannten Zen-Experten D.T. Suzuki, der in diesen Worten Satori beschreibt, also dasselbe Sehen unseres wahren Gesichts oder unserer Leerheit.) Der Gedanke, wir könnten uns dieses Sehen

---

5 Um zu prüfen, in welcher Gegend sich diese Zone befindet, lesen Sie auf Ihrer Armbanduhr dort an Ihrem Handgelenk die Zeit ab und behalten den Blick weiter auf das Zifferblatt gerichtet, während Sie die Uhr langsam bis zu Ihren Augen führen – bis dahin, wo keine Zeit mehr ablesbar ist, bis dahin, wo nichts übrigbleibt, was einer Veränderung unterliegt und so die Zeit mißt, bis zu dem Ort, an dem niemand übrigbleibt, um geboren zu werden, zu sterben, aufzuwachen oder einzuschlafen, dem Ort des „wahren Sehens, des ewigen Sehens", kurz: bis zu dem Ort, wo Sie Sie selbst sind und für immer zu Hause.

(Das liest sich vielleicht erbaulich, aber es bleibt bloße Vorstellung – solange unser kleines Experiment nicht *tatsächlich ausgeführt wird*, mit einer Einstellung, die das Offensichtliche um so höher schätzt, wenn es lächerlich offensichtlich ist.

verdienen oder das erreichen, WAS es enthüllt, ist unsinnig. Denn es geht hier um das Schauen in das, WAS wir und alle Wesen auf ewig sind, in die Zeitlose Zone, aus der heraus wir alle leben, ungeachtet irgendwelcher Verdienste und jenseits aller mystischen Gnade – oder ihrem Fehlen.

In Wahrheit sind diese „Schwachpunkte" oder „Haken" – insbesondere die scheinbare Seichtheit dieses Nach-innen-Sehens – weniger Schwachpunkte als anfängliche Mißdeutungen, die leicht zu klären sind. Der eigentliche „Haken" an der Sache ist ein ganz anderer, und der scheint überaus schwerwiegend zu sein. Er besteht darin, daß die große Mehrheit der Leute, denen DAS gezeigt wird, die für kurze Zeit dazu animiert wurden, nach innen zu schauen und ihre Kopflosigkeit in der Art, wie wir sie beschrieben haben, zu erkennen (ihre Anzahl bewegt sich inzwischen im fünfstelligen Bereich), es zufrieden bei der Erfahrung als solcher belassen. Für sie ist es (falls überhaupt) kaum mehr als ein interessantes Erlebnis, eine ungewöhnliche Art, die Dinge zu betrachten, oder auch nur ein harmloser Spaß, eine nette Art Kinderspiel, auf jeden Fall aber ohne Bedeutung für das Alltagsleben. Es ist nichts, was vertieft, wiederholt oder sorgfältig untersucht wird, und sicherlich nichts, was geübt wird. Und so *hat es tatsächlich überhaupt keine Wirkung.*

Woher kommt diese nahezu ausnahmslose Weigerung, das ernst zu nehmen, von dem uns die Meister versichern, es sei das Beste, was uns widerfahren könne, und habe enorme praktische Auswirkungen? Im Falle gleichgültig-heiterer Menschen, die mit sich selbst zufrieden sind und die in ihren unhinterfragten Überzeugungen feststecken, ist die Antwort offensichtlich. Wie groß ist die Chance, all das zu erschüttern? (Und welchen Grund oder welches Recht haben wir, etwas in der Art zu versuchen? Schließlich ist in jedem das Eine verborgen, das weiß, was jeweils sinnvoll aufgenommen werden kann und was nicht, und das schon immer und auf ewig diese Erleuchtung ist, dieses innere Licht, aus dem heraus alle leben.)

Im Falle des aufrichtigen Suchers ist die Antwort nur etwas weniger offensichtlich: Wer von uns würde gerne zum Finder werden, solange unsere Suche so bedeutend – so nobel! – ist, unsere Zeit strukturiert und Langeweile fernhält, und solange das Nichts – von dem manche sagen, es läge am Ende unserer Suche – aus dieser sicheren Entfernung viel eher wie eine unverschleierte Bedrohung erscheint denn wie ein verschleiertes Versprechen? Nein, wir haben allen Grund, bescheidene Sucher zu bleiben! Wir sind *nicht* erleuchtet! Tatsache ist, daß in uns allen eine existentielle panische Angst lauert, ein mächtiger und absolut natürlicher Widerstand dem gegenüber, was – scheinbar – plötzlichem Tod und Vernichtung gleichkommt. Die ganze in die Länge gezogene und oft qualvolle Mühe, angefeuert durch alle Arten von gesellschaftlichem Druck, das innere Nichts zu übertünchen und auf ihm hier einen Jemand zu errichten, ein Gesicht, das einem selbst gehört (statt jedem anderen), eine von anderen deutlich verschiedene, höchst eigene Persönlichkeit, einen festen Charakter, um mit denen um uns herum mithalten zu können – und jetzt (Gott steh uns bei!) wird das nicht nur als einstürzendes Kartenhaus entlarvt, sondern (sofern dieses überhaupt noch stehenbleiben kann) als Ursache unserer Nöte! Das sind nun sicher schlechte Nachrichten, ganz besonders für diejenigen von uns, die anscheinend ganz zufriedenstellend durch dieses „Tal der Seelenvervollkommnung“ voranschreiten. Der gesamten Persönlichkeitswachstums-Industrie wird durch den einfachen Vorgang des Nach-innen-Sehens der Boden unter den Füßen weggezogen. Kein Wunder, daß manche Leute sichtlich verwirrt sind – betreten, beleidigt, verängstigt, angewidert, wütend, gelegentlich gewalttätig –, wenn sie aufgefordert werden, nach innen zu schauen, und sofort entsetzt zurückschrecken. Und dieser Schrecken wird beileibe nicht nur durch das Erwachsensein und den Einfluß der Gesellschaft verursacht: Denken Sie an den Fall von Poppy, die schon mit zweieinviertel Jahren Angst vor ihrer Leere hatte[6]. Das wirkliche Wunder ist, daß überhaupt jemand von uns – trotz allem inneren Widerstand und trotz äußerer Entmutigung – dieses Werk der Demontage begrüßt und zu Ende bringt. Immer war es nur eine kleine Minderheit, die dieses Verlangen hatte, und ihre Zahl scheint nicht gerade rapide anzuwachsen. Sind das Naive, die im Kontakt mit ihrer gesichtslosen Kindheit nie ganz erwachsen werden? Sind es bedauernswert Unzulängliche, die das Leben so verletzt hat, daß eine Art Tod wie Erleichterung erscheint? Sind es Zweifelnde, für die unsere Sprache und unser Glauben – besonders der religiöse – ein fragwürdiges und jeglicher Grundlage

6 Vgl. S. 79

entbehrendes Abwehrsystem gegen das darstellen, was nicht bezweifelt werden kann, nämlich unsere wahre Natur? Sind es Wahrheitssucher, die so süchtig nach Selbstentdeckung sind, daß kein Preis dafür zu hoch ist? Sind es einfach unwürdige Empfänger göttlicher Gnade – oder ist es irgendeine Kombination aus all diesen Typen? Bei der Betrachtung seines eigenen Falles hat der Leser eine breite Auswahl.

Ganz gleich, wie die Erklärung lautet: Jedenfalls ist dieses simple Nach-innen-Sehen für beinahe jeden lediglich eine vorübergehende Erfahrung unter den Myriaden von Erfahrungen, die ein menschliches Leben ausmachen. Man kann es nicht einmal einen ersten Schritt auf dem Weg nennen, oder falls doch, ist es die Sorte von erstem Schritt, die *nicht* zählt. Einige allerdings gehen weiter. Sie kommen zu unserer fünften Etappe.

5. Die Praxis der Kopflosigkeit

Hier beginnt der „schwere" Teil, nämlich das Wiederholen dieses kopflosen Ins-Nichts-Schauens, so lange bis dieses Sehen ganz natürlich und überhaupt nichts Besonderes mehr ist, bis klar wird, daß, egal was man tut, niemand hier ist, der es tut. Mit anderen Worten: bis das ganze Leben sich um den in zwei Richtungen weisenden Pfeil der Aufmerksamkeit strukturiert, der zugleich nach innen auf die Leere und nach außen auf das zeigt, was sie füllt. Das ist die wesentliche Meditation dieses Weges. Es ist eine Meditation, die sich für den alltäglichen Gebrauch und für so ziemlich alle Lebenslagen und

Stimmungen eignet, dennoch kann sie sinnvoll ergänzt werden durch regelmäßige Phasen formellerer Meditation – zum Beispiel tägliches Sitzen an einem stillen Ort, bei dem man sich genau demselben Nach-innen-Sehen widmen kann, allein oder (besser) zusammen mit Freunden.

Dies hier ist wirklich eine Meditation, bei der keine Gefahr besteht, daß sie den Tag in zwei unvereinbare Teile zerteilt – eine Zeit des Rückzugs und der stillen Sammlung einerseits sowie eine Zeit für selbstvergessenes Eintauchen in den Trubel der Welt andererseits. Im Gegenteil, das Gefühl bleibt den ganzen Tag gleich, es bekommt eine stetige, durchgängige Qualität. Was auch immer wir tun, einstecken oder erleiden müssen, kann auf diese Weise zu unserem unmittelbaren Nutzen gewendet werden. Es liefert genau die richtige Gelegenheit zu bemerken, WER beteiligt ist. (Um genau zu sein: absolut beteiligt und doch absolut unbeteiligt.) Kurz, unter allen Meditationsformen gehört diese zu den am wenigsten gekünstelten und unaufdringlichsten sowie (wenn man ihr Zeit gibt zu reifen) zu den natürlichsten und praktischsten. Und sie ist obendrein amüsant: Es ist, als zeige das gesichtslose Ursprungsgesicht ein Lächeln wie das der gerade entschwindenden Cheshire-Katze!

Am Anfang erfordert die notwendige Übung große Aufmerksamkeit. Normalerweise dauert es Jahre oder Jahrzehnte, bis ständiges und spontanes Nach-innen-Sehen auch nur annähernd erreicht wird. Und doch ist die Methode ganz einfach und immer dieselbe. Sie besteht darin, damit aufzuhören, den Seher zu übersehen

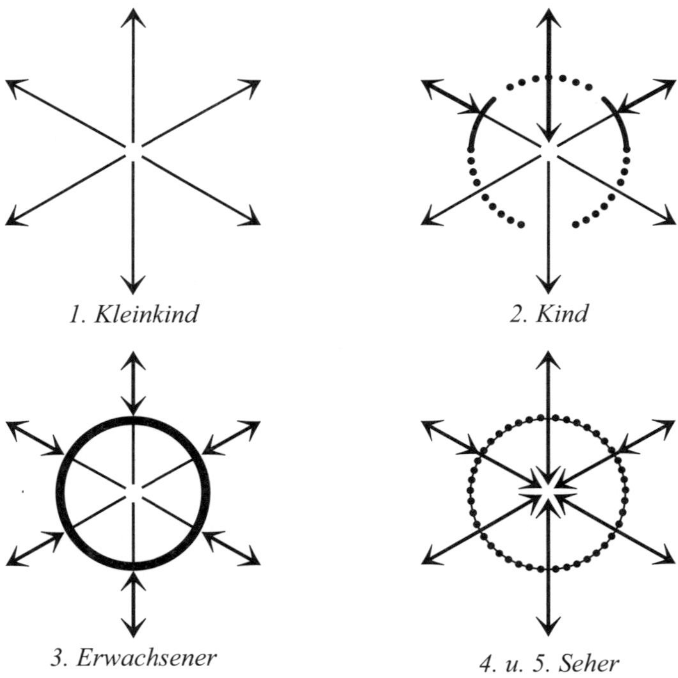

1. Kleinkind

2. Kind

3. Erwachsener

4. u. 5. Seher

– oder vielmehr die Abwesenheit des Sehers. Manche empfinden das Üben lange Zeit als sehr schwer. Andere – vor allem jüngere Seher, die weniger Jahre und weniger Mühe darauf verwenden mußten, eine fiktive Person im Zentrum ihres Universums aufzubauen – finden es leichter. Das ist zu erwarten, denn letztere sind noch näher an Etappe 1, in der wir als Kinder für uns selbst noch nicht Objekte oder Dinge waren. Wie Tiere lebten wir damals ohne Schwierigkeiten aus unserer zentralen Nicht-Dinglichkeit heraus, unbewußt. Jetzt beabsichtigen wir, zurück nach innen zu gehen und bewußt von hier aus zu leben. Das ist eine inspirierende Intention. Es ist nichts weniger als das Schwimmen mit der mächtigen Unterströmung der Evolution – der Evolution des Bewußtseins selbst durch die Vorgeschichte und durch die Geschichte, die jetzt in der eigenen Geschichte als Individuum[7] wiederholt wird.

Als Tier und als Kind der Etappe 1 waren Sie sich Ihrer selbst nicht bewußt: All Ihre Aufmerksamkeitspfeile waren nach außen gerichtet: *Sie haben Ihre Anwesenheit übersehen.* Als Kind der Etappe 2 waren Sie sich Ihrer selbst wahrscheinlich von Zeit zu Zeit tatsächlich bewußt. Bei diesen Gelegenheiten zeigte ein Pfeil der Aufmerksamkeit auch nach innen und traf das Ziel: *Sie haben Ihre Abwesenheit gesehen* – zufällig sozusagen. Doch zunehmend erreichten Ihre nach innen gerichteten Pfeile dieses Ziel nicht mehr. Statt zur zentralen Abwesenheit-von-irgend-Jemandem durchzudringen, blieben sie in der peripheren Anwesenheit eines sehr menschlichen Jemands stecken. Als Erwachsener der Etappe 3 und auf falsche Weise selbstbewußt haben Sie die Pfeile Ihrer Aufmerksamkeit weiter auf diesen nichtsubstantiellen Jemand gerichtet, auf diese menschliche Erscheinung Ihrer selbst, die für Sie täglich substantieller wurde und bald Ihr Identitätsausweis war, Ihre Identität selbst.

---

7 Genau gesagt ist es natürlich nicht das Bewußtsein selbst – d. h. bewußte Leere –, die sich entwickelt, sondern das, was sie enthält. Das zeitlose und absolute Bewußtsein, das Sie sind (wofür manche den Begriff Gewahrsein reservieren), darf nicht mit seinem zeitlichen und relativen Aspekt verwechselt werden, weil es endlose Funktionen, Formen und Realisierungen annimmt und wieder verwirft.

(Gefälschter Ausweis, irrtümliche Identität!) Und jetzt, als Seher der Etappen 4 und 5, sind Sie sich Ihrer selbst wieder wirklich bewußt. Aber diesmal durchdringen Sie diesen Kranz von Erscheinungsbildern bewußter und nachhaltiger, und Sie beginnen in dem zu ruhen, *aus dem* diese Erscheinungen aufsteigen, in Ihrer Wirklichkeit, die Ihre wahre Identität ist, in Ihrer Anwesenheit-Abwesenheit, Ihrem Kern und Ursprung. Gleichermaßen nach innen und nach außen gerichtet, gehen immer mehr von Ihren Aufmerksamkeitspfeilen ins Ziel. Sie bekommen Übung im *Zwei-Weg-Sehen* – bei dem Sie zugleich nach innen ins Nichts und nach außen aufs Alles schauen. Sie werden zu einem dieser Mutanten unserer Spezies – Seher, wie sie sich während der vergangenen paar tausend Jahre immer wieder mal zeigen –, die damit hoffnungsvoll vom nächsten Vowärtssprung in der Evolution künden und so den Weg zur besten Überlebenschance der Spezies selbst weisen. Währenddessen kommen Sie voran bei Ihrer Meditation für das Leben in der Welt, so wie sie jetzt ist.

An dieser Stelle tauchen zwei wichtige praktische Fragen auf: Frage Eins: Können wir diese Meditation dauerhaft aufrechterhalten? Ist es – mit genügend Übung – möglich, anhaltend und auf lebendige Weise seiner selbst gewahr zu sein und die Abwesenheit hier dabei nie aus den Augen zu verlieren? Ramana Maharshi, danach befragt, erteilte dazu eine sehr bedeutsame Antwort. Manchmal, erklärte er, befindet sich das Selbstgewahrsein des *Jnani* eher im Vordergrund, so wie die Oberstimmenmelodie in der Musik. Zu anderen Zeiten liegt sie mehr im Hintergrund, wie eine Baßbegleitung, die man fast nicht bemerkt, bis sie aufhört. Wir haben sie die ganze Zeit gehört, aber nur sehr dezent. Ermutigend dabei: man kann sich darauf verlassen, daß wahres Selbstbewußtsein, sofern es genügend bemerkt und verankert ist, uns schon auf irgendeiner Ebene weiterbringt, ohne jede Sorge darum, es mutwillig aufrechterhalten zu müssen. Es ist vielmehr wie Verliebtsein. Man liebt einen Menschen nicht weniger, wenn man ein paar Stunden lang nicht an sein/ihr Gesicht oder Namen denkt. Was zählt, ist die Bindung, die die ganze Zeit ununterbrochen weiterbesteht. So ist es auch mit der Selbstverwirklichung. Sobald sie Sie erst einmal im Griff hat, wird sie Sie nicht mehr loslassen. Ihre wahre Natur folgt ihren eigenen Wegen darin, immer unverhohlener offenbar zu werden. Unmerklich übernimmt sie das Ruder. Jeder Versuch, ihr eine künstliche, zielorientierte Disziplin aufzuzwingen, kann ihr Reifen nur zunichte machen oder gar zu einer Art Götzenverehrung werden – zum Suchen nach Kopflosigkeit um ihrer selbst willen, zum Versuch, dieses Nichts zu etwas Begehrtem zu machen.

Frage Zwei: Inwieweit können wir auf unsere Meditation bauen, wenn es um das Klären von Problemen geht? Wie wirksam ist sie als Psychotherapie?

Im Gegensatz zu den Richtungen, die östliche Spiritualität mit westlicher Psychotherapie verbinden, beschäftigt sich *Der Kopflose Weg* nicht mit gerichteter Beobachtung geistiger Vorgänge, auch nicht mit psychologischen Untersuchungen als solchen oder mit Meditationen, die darauf abzielen, unterdrücktes Material an die Oberfläche zu bringen oder den Geist ruhigzustellen. Er folgt einer Ausrichtung von Ramana Maharshi, der lehrte: „Es geht darum, dem Selbst innezuwohnen. Scheren Sie sich nicht um Ihren Verstand.“ Auch Chang Chen Chi weist (in seiner wertvollen Anleitung *Die Übung des Zen*) darauf hin, daß Zen nicht an den vielen Aspekten und Schichten des Geistes interessiert ist, sondern daran, zu dessen Kern vorzudringen, „denn es behauptet, daß alles andere relativ unbedeutend und kristallklar wird, sobald dieser Kern erfaßt ist.“ Unsere eigene Position lautet hier: Natürlich ist es wichtig, unsere psychischen Probleme – all das, was an Gedanken und Gefühlen auftaucht – klar als das zu sehen, was sie sind, aber *immer zusammen mit dem, WORAUS sie aufsteigen und WER sie angeblich hat. Deren Seher darf nicht außer Sicht geraten.*

Der klinische Wert moderner psychotherapeutischer Verfahren steht nicht in Frage, dennoch bleibt unsere radikale Antwort auf psychische Probleme (wie auf alle anderen) die *Zwei-Weg-Aufmerksamkeit* – das gleichzeitige Nach-innen-Sehen in dieses absolut makellose, ungetrübte und problemlose Nichts – und der Blick nach außen auf wie trübe Probleme auch immer, die es uns präsentiert. Deren letztliche Lösung liegt darin, sie entschieden aus dem Zentrum herauszuverfrachten, dorthin, wo solche unklaren Sachen hingehören, und nicht in dem Versuch, die Unklarheit selbst erhellen zu wollen. Um das einzigartige östliche Bild zu verwenden, ist es eine ungeheuer beruhigende Tatsache, daß die reinste und kostbarste Blume – der Lotus der Erleuchtung – im schlammigen, ungesundesten Flachlandsumpf blüht, mitten im Morast der Leidenschaften, inmitten von all dem verkommenen und dummen Verstandeszeug, mitten in all unserem Übel und Schmerz. Wenn Sie den Sumpf bereinigen (was für ein illusorisches Ansinnen!) oder versuchen wollten, den Lotus in den aseptischen Hochlandschnee einer weltfernen und esoterischen Spiritualität zu verpflanzen, so würde er verwelken. Zen geht so weit zu sagen, daß die Leidenschaften die Erleuchtung *sind*, der Sumpf *ist* der Lotus.

Wie immer besteht unsere Methode darin, sich in das Offensichtliche, das Exoterische, zu fügen, ehe man sich eiligst daran macht, es zu interpretieren und zu korrigieren: Und dieses Sich-Fügen führt zu der immer wieder neuen Entdeckung, daß das Gegebene unserer eifrigen Manipulation gar nicht so dringend bedarf. Was für unsere Heilung vielmehr vonnöten ist, ist Demut angesichts unserer „inneren" und „äußeren" Beweise (nämlich unsere eindeutig perfekte zentrale Wirklichkeit, die sich zwar von ihren eindeutig unvollständigen psychophysischen Erscheinungen, ihren räumlich begrenzten Manifestationen, ihrer ganzen Umgebung absolut unterscheidet und doch absolut eins damit ist). Diese Zwei-Weg-Aufmerksamkeit, bereinigt um die Ein-Weg-Intention, reicht aus, um uns von allem Übel zu befreien. Sie deckt die Wahrheit auf, die uns frei macht – frei und dort beheimatet, wo es nichts gibt, worin Spuren oder Eindrücke hinterlassen werden könnten, nichts, das uns binden und nichts, das schiefgehen könnte, und von wo aus auch der Blick nach außen in die Welt der Dinge, die immerzu schiefzugehen scheinen, in Ordnung ist. Vollkommen in Ordnung, egal wie bedrohlich die jeweiligen Bedingungen wirken mögen, wenn wir unser Zuhause und seine Geborgenheit ignorieren und uns törichterweise einbilden, wir seien getrennte Personen, Egos, entsetzlichen Risiken ausgesetzt, mittendrin im Tumult, dort draußen. Dort häuft unsere Illusion von Egozentrik endlos Sorgen auf unser Haupt, hier wendet unsere Erkenntnis der Nullzentrik diese nicht nur ab – einschließlich Kopf und allem anderen –, sondern sie transformiert sie vollständig. Von ihrem Ursprung her betracht beginnt das Trübe eine Schönheit anzunehmen, die jenseits von Schönheit und Häßlichkeit ist, und letztlich tragen unsere Gedanken, Gefühle und Handlungen spontan zu dieser höchsten Schönheit bei.

Unsere Zwei-Weg-Meditation ist somit eigentlich radikale Psychotherapie – eine derart tiefreichende Psychotherapie, daß sie offenbar recht viel Zeit braucht, bis sich spezifische Wirkungen ergeben. Wenn man mit der Meditation unbeirrt weitermacht, führt dies mit Gewißheit – mehr als Dreingabe denn als erwarteter Lohn – „draußen" im problemgeplagten Umfeld unseres Alltagslebens zu ganz besonderen Verbesserungen. Typisches Anzeichen: eine Belebung der Sinne. (Es lüftet sich ein Vorhang, der die Fülle von Tönen und Geräuschen gedämpft, die Leuchtkraft der Farben eingetrübt, Formen verschleiert und die Anmut weggefiltert hat, die selbst an den „allerhäßlichsten Stellen" noch hervorstrahlt.) Mit diesem Erwachen der Sinne geht zudem ein ganzer Komplex von wechselseitig wirkenden psychophysischen Veränderungen einher, etwa eine anhaltende Wachheit, die den ganzen Körper betrifft, anstelle der „verkopften" vorübergehend auftretenden Art von Wachheit (so als stünde man in den Startlöchern, das Rennen seines Lebens zu laufen).

Weitere Anzeichen für diese Veränderungen sind Streßreduktion, vor allem im Bereich von Augen, Mund und Nacken (als ob man sie endlich losließe) und ein zunehmendes Absenken des Körperschwerpunktes (so als ob man mit dem Verlust seines Kopfes sein Herz sowie seinen Bauch und seine Füße finden würde, die nunmehr mit der Erde verwurzelt sind). Daneben zeigen sich eine auffallende Abwärtsverlagerung des Atmens, als ob es mehr zu einer Funktion des Bauches würde, sowie tatsächlich ein allgemeines Runterkommen (als würden uns all die guten Dinge, nach denen wir uns vergeblich in die Höhe gereckt haben, in der Tiefe erwarteten). Als Ausgleich zu diesem „Abstieg" verspürt man einen allgemeinen Auftrieb, einschließlich eines Gefühls der Aufrichtung (als ob man einen völlig geraden Rücken hätte und so groß wäre wie der Himmel), eine Zunahme von Kreativität, gesteigerte Energie und Zuversicht, eine neue kindliche Spontaneität und Ausgelassenheit und vor allem eine Leichtigkeit (als ob man nicht so sehr vom Winde verweht als vielmehr der Wind selbst wäre). Und schließlich kann man vielleicht noch registrieren, wie sich Ängste auflösen, wie Gier und Wut nachlassen, wie sich persönliche Beziehungen klären und wie man intensiver selbstlose Liebe und mehr Freude empfinden kann.

Wie gesagt, vielleicht! In der Regel jedoch – vor allem wenn die erste Begeisterung und der Reiz des Neuen an der Selbstverwirklichung verflogen sind und die Freude an der eigenen wahren Natur durch unsere Erwartung eines Vorteils für die eigene menschliche Natur gedämpft wird – wird solcher Gewinn als moderat, unbeständig und wechselhaft eingestuft. Die äußeren Früchte der Innenschau sind nicht annähernd so üppig, wie man sie sich natürlicherweise wünscht, sie reifen langsam und sind dann womöglich für andere leichter erkennbar als für uns selbst. Oft fühlt es sich überhaupt nicht mehr so an, als würde sich an der eigenen Lebenslage irgendetwas verbessern. Enttäuschung kann sich sogar vermehrt einstellen, das Gefühl, es möge zusätzlich zum bloßen Sehen noch einiges mehr vonnöten sein. Womit wir bei der nächsten Etappe unserer Reise angekommen wären.

6. Vertiefung der Praxis

Es gilt weiterzumachen, um noch viel mehr über die Bedeutung der Kopflosigkeit zu entdecken, ihren Wert für das Leben, ihre drastischen Auswirkungen auf unser Denken, unser Verhalten, unsere Beziehungen und unsere Rolle in der Gesellschaft. Mit dieser Etappe, die weniger scharf umrissen ist als die übrigen und sich zwangsläufig über weite Strecken mit diesen überschneidet, wird man eigentlich nie fertig. Dafür gibt es keine Standardmuster.

Vieles wird von den jeweiligen individuellen Fähigkeiten und der Veranlagung des einzelnen abhängen und davon, inwieweit er oder sie in der Lage ist, sich mit anderen zusammenzutun und Unterstützung von ihnen zu bekommen. Selbstredend ist es angenehmer und entspannter, gemeinsam mit Freunden auf diesem Weg voranzukommen und die Entdeckungen, die zu dieser Etappe gehören, zusammen mit ihnen zu machen und nicht alleine. Trotzdem wird weder Einsamkeit noch irgendeine andere Schwierigkeit irgend jemanden davon abhalten können weiterzumachen – wenn er entschlossen ist, werden genau die passenden Bücher, Lehrer und sonstigen Umstände zu seiner Unterstützung auftauchen.[8]

Eine Gruppe kann nicht nur unsere Disziplin fördern und uns Unterstützung geben, sondern uns auch vertrauensvolle wie demütig machende spirituelle Richtungsweisung, die (nicht immer absichtlich) von diesem oder jenen Gruppenmitglied vermittelt wird, was für viele von uns unentbehrlich ist. Zumindest kann es der Autor bezeugen: Immer wenn es ihm an jemandem mangelte (oder er sich diesen Mangel einbildete), der einem Roshi, Guru, Beichtvater oder spirituellen Führer entsprochen hätte, entwickelte sich eine Kurzsichtigkeit in seiner Wahrnehmung des vor ihm liegenden Pfades, der dadurch viel verschlungener wirkte, als er hätte sein müssen.

„Leider habe ich keine ‚kopflosen' oder ‚sehenden' Freunde!" klagt der Neuling. Dabei hat er viele. Nur kennt er sie nicht. Und früher oder später und mit genügend Geduld kann er welche haben, die er kennt. Denn diese Erfahrung hier ist (wie wir gesehen haben) von allen Erfahrungen diejenige, die sich am besten vermitteln läßt, und das perfekte Instrument, dies zu kommunizieren, liegt auf der Hand – buchstäblich. Der Novize

8 Im Nachwort zu diesem Buch werden praktische Vorschläge gemacht, wie sich der Seher mit anderen Sehern in Verbindung setzen kann.

sollte sich nicht entmutigen lassen, wenn seine Zeitgenossen negativ reagieren – denn um diese Innenschau von sich weisen zu können, müssen sie sie zunächst einmal selbst nachvollzogen haben, wodurch sie dem Moment, in dem sie dieses Sehen zulassen können, schon einen Schritt näher gekommen sind.

Der Neuling braucht auch nicht in Verlegenheit zu geraten, wenn die anderen zurückschlagen, zum Beispiel mit dem Argument, das, was ihnen gezeigt wird, beschränke sich zu einseitig aufs Visuelle: Wie soll etwas gültig, geschweige denn wichtig sein können, wenn es sich nicht durch unsere übrigen Sinne bestätigen läßt und wenn man es etwa einem Blinden unmöglich demonstrieren kann? Aus Gründen, die wir schon untersucht haben, wirkt bereits die Andeutung der Kopflosigkeit auf viele Menschen zutiefst abstoßend, und die dann erhobenen Einwände sind endlos. Macht nichts: Kopflosigkeit ist immer etwas fürs Leben, manchmal etwas, das mit anderen geteilt werden kann, aber sie ist niemals etwas, über das man streiten könnte. Eine Art „Erwiderung“ auf den Einwand mit dem Blinden könnte in Form eines kleinen Experiments erfolgen. „Werden Sie blind“ und „sehen“ Sie, ob Sie kopflos sind oder nicht. Möchten Sie, geneigter Leser, genau das einmal machen? Dann schließen Sie bitte Ihre Augen, und probieren Sie zehn Sekunden lang, ob Sie jetzt auch nur den geringsten Beweis dafür finden können, daß ein Kopf das Zentrum Ihrer Welt einnimmt, ob da etwas ist, das irgendwelche erkennbaren Grenzen oder Form, Größe, Farbe und Undurchsichtigkeit hat – geschweige denn Augen, Nase, Ohren oder Mund. (Schmerzen, Kitzeln, Geschmackseindrücke und so weiter ergeben noch längst keinen Kopf, sie wirken ganz und gar nicht so.) Und wo wir schon einmal dabei sind: Finden Sie jetzt auch nur den geringsten Hinweis darauf, einen Körper zu haben? Vergewissern Sie sich, wie viele Zehen Sie zählen können, wenn Sie mit geschlossenen Augen Erinnerung und Vorstellung außer acht lassen und sich nur daran orientieren, was in diesem Moment gegeben ist.

Tatsächlich wurde dem Autor von befreundeten Blinden versichert, sie würden mit vollkommener Klarheit nicht nur die Abwesenheit ihres Kopfes und ihres Körpers wahrnehmen, sondern dabei auch die Anwesenheit ihrer wahren Natur als Leere, Raum oder als Aufnahmevermögen für alles jemals Erfahrbare – einschließlich jeglicher Art von „körperlichen" Empfindungen. Auf dieser Reise aller Reisen sind die Sehenden den Blinden gegenüber nicht wirklich im Vorteil. Das wahre Sehen, das ewige Sehen ist jedem gegeben.

Für uns alle ist unsere Zwei-Weg-Meditation im wesentlichen gleich, egal welchen unserer Sinne wir dabei einsetzen. Immer ist der Aufbau zweiseitig, dabei jedoch zugleich grundlegend asymmetrisch. Ein Vogelgesang, den wir hören, fällt in die Stille hier; ein Geschmack von Erdbeeren macht sich vor diesem steten Hintergrund von Nicht-Geschmack spürbar; ein scheußlicher Gestank taucht als Kontrast zur dauerhaften Abwesenheit von Geruch, zur Frische auf usw. Ganz ähnlich erscheinen unsere Gedanken und Gefühle nur auf dem leeren Schirm des Hier, im Zen *No-Mind*[9]

9 Deutsch etwa: Nicht-Verstand, Nicht-Denken. *Anm. d. Übers.*

genannt, auf dem sie keine Spur hinterlassen, wenn sie verschwinden. Genauso ist es, wenn ich Sie „konfrontiere", wenn also Ihr Gesicht da drüben meiner Gesichts-Abwesenheit hier präsentiert wird – face to no-face[10]*. Ich muß also frei sein von allem, was ich in mich hereinnehme: Um mit Wasser gefüllt werden zu können, muß die Tasse erst leer sein. Der Unterschied ist fundamental. Das bedeutet nicht, daß wir während unserer Zwei-Weg-Meditation „für den Tagesgebrauch" an all das denken müssen. Wir machen einfach weiter damit, den Kontakt zu unserer Abwesenheit nicht zu verlieren.*

All das zeigt nur, wie viele unterschiedliche Wege nach Hause führen und wie gut auch ein Blinder oder ein Tauber in der Lage ist, unseren Weg zu gehen. Die Sehenden sind allerdings mit ein paar Reisehilfen gesegnet, die den anderen verwehrt sind. (Das kann kaum überraschen, werden doch Erleuchtete nicht ohne Grund als Seher bezeichnet und nicht etwa als Hörer, Riecher oder Taster – und schon gar nicht als Denker. Das Sehen ist hier unter den Sinnen natürlich König. Wird es simultan nach innen und nach außen gerichtet, dann ist es der Erzfeind des Unklaren und der Erzenthüller des Offensichtlichen.) Bei der nun folgenden Auswahl aus den zahlreichen Erkenntnissen, die uns erwarten, dürfte es leicht fallen, die weniger wichtigen, die vom äußeren Sehen abhängen, von den wichtigeren zu unterscheiden, bei denen dies nicht der Fall ist (wenn sie uns eher welt-

---

10 Die wörtliche Übersetzung „Gesicht zu Kein-Gesicht" klingt so fremdartig, daß hier ausnahmsweise der englische Begriff als „Fachterminus" übernommen wird. *Anm. d. Übers.*

lich und zuweilen sogar eher komisch als spirituell vorkommen sollten, dann spricht das sehr für sie!).

a) Der äußeren Erscheinung nach bin ich ein Ding, das sich im Raum umherbewegt. In Wirklichkeit bin ich dieser unbewegte Raum selbst. Wenn ich durchs Zimmer gehe, blicke ich runter, und mein Kopf (Nicht-Kopf) ist die unendliche und leere Stille, in der sich diese Arme und Beine bewegen. Beim Autofahren blicke ich *raus*, und mein menschlicher Körper (Nicht-Körper) ist diese selbe Stille, in die die ganze Landschaft wie ein riesiges Kartenspiel hineingemischt wird. Wenn ich des nachts nach draußen gehe, blicke ich nach *oben*, und mein Erdenkörper (Nicht-Erden-Körper) ist dieselbe Stille, in der die himmlischen Körper dort schwingen und tanzen. (Nein, hier kann ich keinen Kopf finden, der sich hin und herbewegt, der auf und ab schaukelt!) Schließlich und am wichtigsten „werde ich blind" (schließe meine Augen, sagt man dazu), und mein Universums-Körper (Nicht-Universums-Körper) ist dieselbe unendliche und leere Stille, die sich jetzt als unbewegter *No-Mind* enthüllt, dessen mentale Inhalte sich weigern, auch nur einen Augenblick stillzuhalten. Abgesehen davon, daß er nochmals die eigene wahre Identität bestätigt, nimmt dieser Blickwinkel unserer Ergebung ins Offensichtliche – unseres Zwei-Weg-Sehens, unserer Meditation für alle Jahreszeiten – die Hektik aus der „Hetze des modernen Lebens" oder vielmehr aus demjenigen, der meint, er hetze sich ab. Hat er sich doch niemals auch nur einen Zentimeter weit bewegt. All seine Aufgeregtheit ist imaginär. Weder braucht er sich zu beruhigen, noch kann er irgend etwas dafür tun – außer damit aufzuhören, den

Ort zu übersehen, wo er für immer Ruhe hat, wo der Frieden, der jegliches Verständnis übersteigt, so herrlich selbstverständlich ist. Diese ersehnte Gelassenheit, von der er gemeint hatte, sie würde sich ihm stets entziehen, wird mitten in seinem eigenen Zentrum entdeckt *und bettelt geradezu darum, bemerkt zu werden.*

b) Während ich anderen dort drüben (die mich aus der Entfernung sehen) als begrenztes menschliches Ding erscheine, bin ich hier in Wirklichkeit (mich selbst aus Null-Distanz betrachtend) dieses unbewegte, unbegrenzte und nicht-menschliche Nicht-Ding. Dieses Nicht-Ding oder diesen Raum nehme ich wahr als dicht mit allen möglichen Dingen vollgepackt – bewegt, farbig, geformt, geräuschvoll, angenehm wie unangenehm, sinnlich wie nicht-sensorisch und so weiter. Wie paradox: Gerade weil dieser Raum absolut unverdorben und seinen Inhalten so absolut unähnlich ist, ist er absolut mit ihnen identifiziert. Das ist nichts, was ich glaube, sondern das, was ich sehe. Der Raum *ist* die Dinge, die ihn einnehmen. Diese Stille *ist* die Bewegungen und die Geräusche, deren Hintergrund sie ist. *Als ein Etwas bin ich nur dieses Ding, als nichts bin ich alle Dinge.*

c) Und ebendiese sind allesamt hier vorhanden. Dergestalt, daß sie alle – Himmel, Sonne, Wolken, Bäume, Gras, Fenster, Teppich, von Wörtern übersäte Seiten sowie die Hände, die sie halten – *hier* präsent sind. Offensichtlich werden sie mir hier vorgeführt, hier, wo ich bin, wo meine Kamera ist, nicht dort, wo ich nicht bin. Es gelangt keine Distanz zwischen uns. (Wie schon gezeigt, verliere ich die Dinge um so mehr, je näher ich ihnen komme. Mehr noch: Die Gerade, die sich zwischen diesem Punkt hier und jenem „denkbar weitestentfernten“ Objekt erstreckt, muß ich als dimensionslosen Punkt deuten.) Daraus folgt, daß die ganze Welt mir gehört und ich unvergleichlich reich bin. Überdies ist diese Art von Besitz der einzig wahre. Denn als dieses winzige, feste (und komplett erfundene) *Etwas* hier schließe ich alle anderen Dinge aus dem Rauminhalt aus, den ich einnehme, und werde so zum Ärmsten der Armen. Während ich sie als dieses immense, leere (und reale) Nichts oder als weiten Raum hereinlasse, nehme ich das Universum entgegen und besitze und enthalte all dies. Kein Wunder, daß das alles so verlockend, so unmittelbar ist– so *hell*!

d) Wie kommt es denn dann, daß ich immer noch alles – angefangen bei diesen Händen vor mir bis zum blauen Himmel da drüben – wie ein Da-Draußen sehe und nicht wie ein Hier? Oder, merkwürdig, wie beides gleichzeitig? Einerseits ist die Antwort die, daß diese dreidimensionale Welt eine ganz zweckmäßige Art von Datenerfassung darstellt – ein Modell, dessen Bedeutung fürs eigene Überleben mir meine eigenen Augen bezeugen, deren Physiologie in so hohem Maße darauf abgestimmt ist, Tiefe zu finden. Und auf einer noch grundlegenderen Ebene lautet die Antwort, daß in Wirklichkeit nicht meine Welt dreidimensional ist, sondern ihr Seher. Hier in mir – auf *meiner* Seite dieses nach innen zeigenden Fingers, dieser Buchseite, eines jeden Objekts – erstreckt sich diese unergründliche Kluft. (Ihr verdanke ich die glückliche – wenn auch paradoxe – Tatsache, daß der sternenübersäte Himmel, obwohl er von mir nicht weiter als ein Ångström entfernt ist, um so fremder, ehrfurchtgebietender himmlisch ist als je zuvor: Indem ich ihm eine unbegrenzte Distanz von meinen unbegrenzten Quellen zuweise, verleihe ich ihm grenzenlosen Zauber.) So oder so, die Flachwelt meiner Kindheit mußte weg. Meine ganze Kindheit und Jugend über *hatte meine Methode darin bestanden, die Welt zurückzuweisen, ihr einen bestimmten Abstand zuzuweisen*. Resultat: Ich verlor sie natürlich. Dadurch entsprach meine Projektion von ihr meiner Zurückweisung von ihr und ihrer Zurückgewiesenheit durch sie um so mehr, und desto armseliger, einsamer, abgeschnittener und entfremdeter kam ich mir vor. Der anfängliche Überlebenswert dieser Methode verkehrte sich schnell ins Gegenteil und wurde (sozusagen) zum Vernichtungswert. Aber als Seher, der eine Stufe weitergekommen ist, kann ich jetzt endlich alles hereinlassen, statt es von mir wegzustoßen, und die Welt wird unergründlich, weil ich unergründlich bin. Der doppelte Pfeil meiner Aufmerksamkeit zeigt gleichzeitig nach vorn auf die „äußere" Welt der Dinge, die in Wahrheit genau hier beginnt und endet, und nach hinten auf die „innere" Welt des Nichts, das tatsächlich ewig weiter und weiter reicht. Und sie beide sind eine Welt. Alles ist in mir, alles gehört mir, alles ist ich, und es geht mir wieder gut.

e) Was ich wahrhaft besitze, arbeitet für mich, nicht gegen mich. Wenn das Universum mir gehört, sollte es sich so verhalten, wie ich möchte. Die Wahrheit ist, daß dieses Aufnahmevermögen, diese Leere, die ich bin, wie ein Spiegel weder die Möglichkeit hat, irgendeinen Inhalt abzulehnen noch irgendwelche Vorlieben oder Bevorzugungen zu entwickeln. Es muß sich dem, was geschieht, was immer dies auch sei, ergeben. Es ist nicht wählbar, und doch (wie zunehmend klarer wird, wenn wir damit fortfahren) ist es verantwortlich für alles, was sich ereignet. Es will nichts und alles.

f) Selbst meine eigenen Handlungen werden akzeptierbar. Meine dümmsten Fehler sind irgendwie überhaupt keine Fehler mehr. Jedenfalls finde ich, egal, was ich tue – ob beim Geschirrspülen, Autofahren oder beim Nachdenken über diesen Absatz –, daß ich es schlechter hinbekomme, wenn ich mir dabei genau hier einen Jemand mit Kopf vorstelle, der das tut, und daß es besser läuft, wenn ich ihn als kopflos sehe. Bewußt aus der Wahrheit des Nicht-Dings heraus zu leben, das ich bin, funktioniert viel viel besser, als aus der Lüge des Dings zu leben, das ich nicht bin – was kaum überraschen mag.

g) Es ist alles ist eine Frage der richtigen Reihenfolge, es geht darum, niemals meinen Kontakt zu DEM hier zu verlieren. Wenn ich als Person *direkt* darauf aus bin, außerhalb zu leben, mich ins Leben zu verstricken und wirklich *bei* ihm zu sein, dann bin ich ihm in Wahrheit entfremdet, lehne mich dagegen auf, bin letztlich sein Opfer. Sind meine Ziele hingegen *indirekt* – über die wahrgenommene Nichtanwesenheit der Verstrickung suchenden Person hier –, dann bin ich nicht nur draußen in der Welt, nicht nur *bei* ihr, sondern ich genieße die Erfahrung, sie zu *sein.* Ich bin in der Ganzheit, weltbejahend, *erleuchtet* (wie das der Zen-Meister Dogen so wunderbar ausdrückt) *durch alle Wesen.* Erleuchtet sowohl durch das, was sie zu sein scheinen, als auch durch das, WAS sie sind.

h) Allmählich erkenne ich, daß mein Sehen in die Nichtanwesenheit hier nicht das Sehen in die Abwesenheit *von mir* ist, sondern in die Abwesenheit von allen. Ich sehe, daß die Leere hier leer und groß genug für alles ist, daß es *die* Leere ist. Unserem Wesen nach sind wir alle ein und dasselbe, und es gibt keine anderen. Daraus folgt, daß ich das, was ich irgend jemandem antue, mir selbst antue, und was ihnen geschieht, das widerfährt mir. Das ist eine Tatsache, die ich sehr ernst nehmen muß. Nenn es bedingungslose Liebe, Mitgefühl oder ein wahrhaft großes Herz – ohne das und ohne aus diesem heraus spontan zu leben bliebe mein Nach-innen-Sehen etwas bloß Unverbindliches.

i) Das Sehen ins Nichts, in die Nichtdinglichkeit, ist ein bewußtes Verbinden mit der Quelle aller Dinglichkeit, mit der Ursprünglichkeit des Ursprungs und der Schöpferkraft des Schöpfers, mit dem Urquell aller wahrhaft spontanen Gefühle und Handlungen und mit dem, was neu und deshalb unvorhersagbar ist. Wie immer soll dies nicht geglaubt, sondern erprobt werden. Sehen Sie selbst, und schauen Sie, wie weit Sie damit kommen können.

j) Dieses Sehen bedeutet, nach Hause in den einzig sicheren Hafen zu kommen, in unser geliebtes, verläßliches Heimatland (das zutiefst vertraut und doch unendlich geheimnisvoll ist). Auch dies sollte man immer wieder überprüfen, jeden Tag neu und mehrmals täglich. Neben zahllosen weiteren erwarten die zehn hier aufgeführten Erkenntnisse einen Reisenden auf diesem Teil des Weges. Sie führen zur Vertiefung und Reifung der ureigentlichen Kopflosigkeit und bilden zugleich ihre

Symptome. Oder – besser gesagt –sind sie Bestandteil der Entfaltung dessen, was dieser Sicht immer schon innewohnt. Aus ihnen allen sticht eine Erkenntnis besonders hervor – eine vielseitige, spirituelle, der Etappe 6 entsprechende, aber gewiß nicht auf sie beschränkte Entwicklung –, die an dieser Stelle besondere Aufmerksamkeit verlangt. Es ist die Erfahrung des *Nicht-Wissens*, der eigenen profunden und alles umfassenden Ignoranz. Aus dem „Ich bin nichts" folgt in der Tat, „daß ich nichts weiß", denn offensichtlich ist ein *informiertes* Nichts kein Nichts, sondern ein Etwas, ist Form und nicht Leere.

Dieses Nicht-Wissen zerfällt in zwei unterschiedliche Teile:

1. Zum einen geht es darum, unsere Annahme aufzugeben, die Dinge seien *selbstverständlich* vorhanden, und sie müßten das sein, was sie sind. Das bedeutet, unsere erwachsene, kultivierte „welterfahrene" Gewißheit" aufzugeben, derzufolge wir (wie man so sagt) das alles schon kennen, bereits alles gesehen haben, es nichts Neues unter der Sonne gibt, wir über alles Bescheid wissen, aufgrund derer ein staunendes „Wow!" etwas für Kinder, ein gähnendes „Na und?" hingegen etwas für Erwachsene ist. (Spreizen Sie nur einmal kurz Ihren kleinen Finger ab, zwinkern Sie mit einem Auge, achten Sie auf das offene Entgegenkommen, das Sie den gedruckten Konturen vor ihnen und den Geräuschen um sie herum zeigen – die Lebhaftigkeit, die diese der Tiefe und Klarheit jenes Raumes verdanken, den Sie ihnen zuweisen, und geben Sie ruhig zu, daß Sie keine Ahnung

haben, *wie* Sie diese und tausend andere Wunder vollbringen.) Es ist eine Art globales Vergessen, ein Reinigungsgang für unser angestaubtes Universum, ein Fortspülen von Sedimenten aus Namen, Erinnerungen, Assoziationen, die sich angesammelt haben, und alles darf ungewohnt, frisch und süß duftend bleiben. Es bedeutet, damit aufzuhören, alles und jedes für selbstverständlich zu halten. Es ist die Wiederentdeckung des Offensichtlichen als etwas höchst Eigenartiges, des Gegebenen als etwas Wundervolles und Kostbares, bevor wir es uns für unsere Zwecke zurechtbiegen. Es läßt die ganze Pracht zu, die immer schon da war, die ganze Zeit. Es bedeutet, noch den „ordinärsten" Stein *anzuschauen*, ein Blatt, das vom Baum abgefallen ist, ein „ekliges" Stück Abfall, „Nebensächliches" wie Form und Tönung von Schatten oder den nächtlichen Widerschein von buntem Neonlicht auf einer nassen Straße (wir sehen ihn nicht mehr, weil wir nicht mehr darauf achten). Es bedeutet, bewußt das zu sein, was wir wirklich sind –Aufnahmevermögen für Dinge –, der Raum, in dem ein jedes Ding zu seiner besonderen Art von Vollkommenheit gelangen darf. Es bedeutet, alles bewußt von seinem Ursprung her zu sehen und es wieder mit der Unendlichkeit, die *auf dieser Seite* davon liegt, zu vereinen. Es bedeutet, die Dinge zu sehen, zu hören, zu riechen, zu schmecken und zu berühren, als wäre es das erste Mal, befreit von der drückenden Last vergangener Zeit. Es ist die Wiederbelebung und Erweiterung unseres kindlichen Staunens. Es bedeutet, am Morgen der Schöpfung dabei zu sein, noch ehe Adam den Geschöpfen Namen verlieh und ihrer überdrüssig wurde. Es bedeutet, sie mit den Augen ihres Schöpfers zu betrachten und zu sehen, daß sie sehr gut gelungen sind. In der Sprache des Zen ist dies das „Erleuchtet sein durch alle Wesen", da es hier nichts gibt, das ihr Licht trüben könnte.

Dieses Nicht-Wissen kennt keine Grenzen. Es reicht von dem, was wir wahrnehmen, bis hin zu allem, was wir fühlen, denken und tun. Es bedeutet, aufzuhören zu wissen, wie man mit dem Leben fertig wird, wohin wir gehen, was wir tun sollen, sobald wir eine unmittelbar anstehende Aufgabe gelöst haben, was morgen mit uns sein wird, nächste Woche, nächstes Jahr. Es bedeutet, mit verbundenen Augen immer nur einen Schritt zur Zeit zu tun, in der Gewißheit, daß der Raum hier – der nichts ist und nichts als sich selbst kennt – gleichwohl von Mal zu Mal mit allem aufwartet, was gerade nötig ist. Es bedeutet, wie die Lilien auf dem Felde zu leben und im Vertrauen auf unseren Ursprung keinen Gedanken an den nächsten Tag zu verschwenden. (Das läßt sich natürlich auch als Vorwand dafür benutzen „auszusteigen", doch sofern es *gelebt* wird, kann es der „Einstieg" dazu werden, dem Leben alles zu geben, dessen wir fähig sind, darunter auch alles, was an Planung nötig sein sollte.) Man sollte es nicht gezielt darauf anlegen, im Nicht-Wissen und der außerordentlichen Freude und Praktikabilität zu leben, die sich daraus ergeben. Diese lassen sich nur erreichen, wenn man jegliches Verlangen nach ihnen sowie jeden Gedanken daran aufgibt, sie zu kultivieren. Trotzdem kann man damit rechnen, daß sie sich zu ihrer eigenen rechten Zeit einstellen, vorausgesetzt, wir achten auf ihren Hintergrund: auf das Nichts hier. Suche zunächst dieses schmuckloseste unter den

Königreichen (das Königreich im Innern), so werden all jene großartigen Dinge folgen. Strebst du diese hingegen direkt an, so rücken sie in weite Ferne. Daher sollten wir uns an die Leere halten, die wir so gut kennen (und nicht-kennen), denn sie wird die Fülle liefern, die wir zwar überhaupt nicht kennen, die sich aber als genau das Richtige herausstellen wird, das momentan gerade benötigt wird.

Wieso sollten wir darauf vertrauen, daß die Leere stets die richtige Antwort liefert, egal wie falsch uns diese Antwort gegenwärtig auch erscheinen mag? Warum sollten wir ihr *absolut* vertrauen? Für den Fall, daß uns unsere Erfahrung bislang vielleicht noch nicht genügend überzeugende Gründe hierfür geliefert hat, möchten wir nun einen Blick auf ihre wohl vortrefflichste, genialste und verblüffendste (und, sofern erst einmal registriert, auch offensichtlichste) Fähigkeit werfen.

2. Bei der zweiten Kategorie des Nicht-Wissens geht es nicht darum, unsere Annahme aufzugeben, die Dinge hätten natürlicherweise das zu sein, was sie sind oder was wir aus ihnen machen. Bei dieser zweiten Kategorie geht es vielmehr darum, *daß die Dinge überhaupt da sind*! Warum sollte die Existenz selbst existieren? Der Unterschied zwischen diesen beiden Arten von Nicht-Wissens ist unermeßlich; sie gehören nicht derselben Klasse an. Die erste betrachtet die Dinge, deren wir gewahr sind, als Wunder. Die zweite betrachtet das gewahr gewordene Nichts, aus dem die Dinge kommen, als *das* Wunder schlechthin. Die erste Art von Nicht-Wissen ist vergleichsweise gelinde, geht sanft vonstatten, verändert

sich fortwährend, ist etwas Allmähliches. Die zweite ist umwerfend, eine Alles-oder-nichts-Erkenntnis, die auch nicht im entferntesten irgendeiner anderen Erkenntnis ähnelt.

Der Schlüssel zu ihr ist allerdings etwas Winzigkleines, und er liegt in dem Unterschied zwischen den kleinen Wörtchen *was* und *daß*. Hier verliert das, *WAS Wirklichkeit ist*, alle Bedeutung. *DASS Wirklichkeit ist* wird am allerwichtigsten. Ludwig Wittgenstein schrieb: „*Wie* die Welt ist, ist für das Höhere vollkommen gleichgültig. Gott offenbart sich nicht *in* der Welt... Nicht, *wie* die Welt ist, ist das Mystische, sondern *daß* sie ist.“ Was ich gerne folgendermaßen ergänzen würde: Die wirklich geheimnisvolle Tatsache ist, daß *Gott* – alias das sich selbst gewahre Sein – überhaupt existiert. Nach ihm ist die Existenz seiner Welt vergleichsweise wenig bemerkenswert, eine Selbstverständlichkeit.

An dieser Stelle muß ich autobiographisch werden. Ich kann mich natürlich nicht en detail an die frühen Episoden meiner vielfach unterbrochenen (aber lebenslangen und leidenschaftlichen) Liebesaffäre mit dem Mysterium der Existenz erinnern. Dennoch ist die folgende Rekonstruktion dieses vierstufigen Abenteuers – das in der Entdeckung der ultimativen Bedeutung und des ultimativen Wertes davon gipfelt, „keinen Kopf zu haben“ – die beste Art und Weise, das Wesentliche davon zu vermitteln und wiederzugeben, wie es sich tatsächlich angefühlt hat.

1. Ich bin ein junger Teenager, der sich mit einem älteren, christlichen Freund unterhält:

DH: O.K., Gott hat die Welt erschaffen, aber wo kommt er her? *Wer hat Gott erschaffen?*

Freund: Niemand. Er hat sich selbst erschaffen.

DH: Aber wie konnte er das? Gab es da noch gar nichts, nur eine riesengroße Leere, und dann – PENG! – war er da? Er muß *völlig baff* gewesen sein! Ich kann ihn rufen hören: „Schau her, ich habe mich gerade selbst gemacht! Was bin ich *clever*!“

Freund: Du bist respektlos. Gott ist so groß, daß er immer schon war, er *mußte* allezeit sein. Warum sollte er verblüfft sein über seine eigene Existenz? Es ist seine Natur.

DH: Na ja, ich glaube, er muß jedes Mal eine Gänsehaut kriegen, wenn er merkt, was er getan hat – sich selbst einfach so aus dem Nichts erschaffen (nicht etwa so ein verpennter alter Klumpen aus wer weiß was, sondern hellwach), ohne jede Hilfe von außen! Das ist nicht etwa Zauberei, das ist *unmöglich*! Anschließend kann er alles machen: Milliarden von perfekten Welten, und zwar mit den Händen auf dem Rücken zusammengebunden!

Freund: Du verstehst einfach nicht. Es *muß* jemanden geben, der alles erschafft.

DH: Aber nicht jemanden, der sich selbst erschafft! *Er* mußte sich nicht ereignen. Er hätte nicht unbedingt dazu kommen müssen. Oder, wenn er wirklich erscheinen *mußte*, dann muß es jemand anderen im Hintergrund gegeben haben, der ihn erscheinen ließ – was bedeutet, daß er doch nicht Gott sein kann. Der wirkliche Gott ist jener Andere – der wiederum damit beschäftigt ist, sich selbst zu erfinden!

Freund (steht auf, um zu gehen): Diese Sachen gehen uns nichts an. Gott und der Anfang sind Mysterien, die wir nicht ergründen sollen – Mysterien für uns natürlich, nicht für ihn.

DH (zu sich selbst): Warum hat er aber dann einen Ergründer aus mir gemacht? Ich finde immer noch, daß es sehr komisch ist – komisch und merkwürdig –, daß es überhaupt irgend jemanden und irgend etwas gibt. Eigentlich sollte nur nichts da sein! Nicht ein Fünkchen, kein Hauch, noch nicht einmal ein Schimmer von Bewußtsein.

2. Ein paar Jahre später. Inzwischen erwachsen – aber noch nicht bewußt kopflos – denke ich immer noch über das Thema Selbstexistenz nach, das mich nicht losläßt:

Gott selbst ist der Ur-Nichtwisser! Gott (oder wie auch immer man ihn, sie oder es nennt, das Nichts, Quelle, Gewahrsein und Sein ist) kann unmöglich verstehen, wie er sich selbst entstehen ließ, wie er sich am eigenen Schopf aus der blanken Nichtexistenz herausgezogen hat, wie er sich selbst aus tiefstem Schlaf geweckt hat, aus dieser langen, traumlosen Nacht. Sich selbst zu verstehen würde bedeuten, in einem infiniten, zwecklosen Regress „sich selbst im Weg zu stehen“. Eine absurde, kontraproduktive Verrenkung! Er *liebt* es, sich selbst ein absolutes Mysterium zu sein – ein Gott, der sich selbst auf ewig durchschaut hätte, müßte sich auf ewig langweilen. Doch diese göttliche Ignoranz ist keine Unzulänglichkeit seiner Natur. Ganz im Gegenteil: Sie ist der Grund, warum er auf immer in unermeßlicher, verzückter Ehrfurcht vor sich selbst steht. Sie ist der Grund für seine mehr als menschliche Demut, sein Erzittern angesichts seiner eigenen unsagbaren Herrlichkeit, seinen Schwindel beim Blick in seine eigenen unergründlichen Tiefen. (Bloß wir selbstgefälligen Menschen sind so eingebildet, daß wir das Sein als unser Naturrecht beanspruchen, so grundsätzlich zu uns gehörig und selbstverständlich, als würden wir es täglich zum Frühstück serviert bekommen!) Und sind unsere lachhaften Ansprüche dann irgendwann einmal fadenscheinig geworden, dann wird dies zum ultimativen Grund nicht allein für unsere Verehrung ihm gegenüber, sondern auch für grenzenloses Vertrauen und unendlichen Optimismus. Welches Wunder ließe sich nach diesem allerersten und einzig wahren Wunder schon noch ausschließen? Dem, der das Unmögliche erreicht hat, sind alle Dinge möglich. Der Eine, der das große Know-how hat – und das heißt zu wissen und nicht zu wissen, wie es sein kann zu sein –, ist kein Stümper. Seine Welt ist nicht fehlgeschlagen. Alles ist gut.

3. Jetzt bin ich Anfang Dreißig und habe „meinen Kopf verloren“. Infolgedessen nimmt mein kindliches Staunen über die Existenz neue Dimensionen an. Voller Freude stoße ich auf diese glänzende, geniale Aussage des heiligen Johannes vom Kreuz: „Die, die Gott am

besten kennen, sehen am klarsten, daß er vollkommen unbegreifbar ist.“ Und das führt zu dem erstaunlichen Gedanken: Das, was unser Wissen um ihn (als vollkommen unbegreifbar) bestätigt, was es zu *wahrem* Wissen werden läßt, rührt daher, daß es in Wirklichkeit die Erkenntnis in ihm selbst ist, die in uns fortwirkt. Nicht als diese kleinen, undurchsichtigen, kopfigen, nur allzu menschlichen Geschöpfe stehen wir fassungslos und überwältigt vor dem Wunder der Selbstschöpfung, sondern als der Selbstschöpfer selbst. (Nein, wir verfallen nicht in Größenwahn! Wir geben im Gegenteil jeglichen Anspruch auf *persönliche* Göttlichkeit als etwas Groteskes auf. Die wirkliche Arroganz, die eigentliche Blasphemie, liegt in der Vermessenheit zu glauben, daß dieses menschliche Wesen *als solches* zu den schwindelerregenden Höhen aufsteigen könnte, in denen Gott erblickt werden kann; ganz zu schweigen von der diesem Irrtum zugrundeliegenden Einbildung, dieses menschliche „Wesen“ habe überhaupt irgendein eigenes Wesen, abgesehen vom Einen, das *ist*.) Die erstaunliche (gleichermaßen unendlich erhebende wie unendlich demütigende) Tatsache ist, daß unsere staunende Freude über sein Werk nichts weniger als seine eigene staunende Freude ist – wirklich *seine* ureigene Freude und nicht nur so etwas wie ein Abglanz davon oder ein Partizipieren daran. Denn auf dieser Ebene gibt es keine anderen, mit denen er etwas teilen könnte.

4. Schließlich dämmert mir ganz plötzlich die krönende (und zumindest jetzt vollkommen offensichtliche) Wahrheit: Selbsterschaffung ist kein unmögliches Mei-

sterstück, das von irgend jemand anderem, weit weg, ein für allemal, vor langer Zeit vollbracht wurde, sondern sie findet genau hier und genau jetzt statt! Die Unmöglichkeit geht ununterbrochen weiter, unerschöpflich und allgegenwärtig. Hier, an diesem verschmähten, diesem, wie man mir sagt, klitzekleinen, unbemerkten, angeblich mit einem Kopf zugepfropften Ort, *wird das gesamte unbändig extravagante Drama der Selbsterschaffung wie zum allerersten Mal (streichen Sie das „wie") in all seinem makellosen Glanz aufgeführt, und zwar genau in diesem Augenblick.* Genau hier und jetzt ist dieses Wahnsinnsmysterium – dieser Ausruf „ICH BIN!" – *mein* Ausruf, es ist *mein* Mysterium, *mein* Selbst. Ich muß es an Bord nehmen. Hier und jetzt kann ich meiner Verantwortung für die „Istheit" selbst – ganz zu schweigen von allem, was ist – nicht länger ausweichen. Sollte der Mittelpunkt meines Universums ausschließlich aus so einer Art Klecks bestehen – aus diesen zwei, drei Handvoll eng gebündelter, höchst persönlicher Masse aus Nerven und Neuroaktivität –, wie verrückt ist es dann, davon auszugehen, solch ein mickriges Etwas könne den kompletten Kosmos, seinen Ursprung und dazu noch das ganze Mysterium des Seins umfassen! Zum Glück kann ich erkennen – oder vielmehr dieser kopflose Ort selbst erkennt es –, daß er als absolut unbelastetes und unendlich ausgedehntes Gewahrsein für diese ungeheure Aufgabe ideal geeignet ist. Das ist genau der richtige Job für ihn. Mehr noch: ich kann mir sicher sein, daß dieser geringste und doch großartigste, persönlichste und doch unpersönlichste, nächstgelegene und bestens bekannte und doch am wenigsten bekannte Ort voller weiterer –

unermeßlich vieler weiterer – Überraschungen steckt, die unvorstellbar wundervoll sind. Wer hätte gedacht, daß man bloß durch den Verlust eines Kopfes auf solch eine Schatzkammer stoßen kann?

Allerdings könnte ausgerechnet die Reichhaltigkeit dieser Potentialität, die unendlichen Schätze dieser Aladdinshöhle, auch Grund für Frustration liefern, weil wir fürchten, , letztlich doch dazu verdammt zu sein, auf ewig Suchende zu bleiben – niemals fähig, *alles* zu bekommen, sondern permanent dabei, irgend etwas Wichtiges zu verpassen, immer nur kurz davor, *die* Offenbarung zu erleben. Diese Angst kommt aber nur in dem Maße auf, wie wir die Höhle selbst aus dem Auge verlieren, *das, was* so fruchtbar ist, das transparente Behältnis, in dem alle Erkenntnisse entspringen und enden, unser wahres, ewiges und wesensfreies Wesen. Sie werden geboren – *Es* ist ungeboren. Sie kommen und gehen, werden und vergehen – *Es* ändert sich nie. Sie bestehen aus Gedanken und Gefühlen – *Es* ist frei davon. Nicht einmal die erhabenste Erkenntnis, also nicht einmal das krönende Wunder der Selbsterschaffung[11] ist wirklich in dem Sinne, in dem *Es* wirklich ist, und keine Erkenntnis

11 *Das ägyptische Evangelium* ruft das „selbstgezeugte Eine, das nicht außerhalb von mir ist“ an, und das apokryphe *Tripartite Tractate* spricht von dem unbeschreiblichen Einen, das „sich selbst so kennt, wie es ist, nämlich als dasjenige, das seiner eigenen Bewunderung, Herrlichkeit, Glorie und Lobpreisung würdig ist, *da es sich selbst hervorbringt*.“ Die gnostischen Verfasser dieser Zeilen lebten um das 2.-3. Jahrhundert v. Chr. Im Jahr 1657 stellt der katholische Angelus Silesius Gott als „einen Bogen zu sich selbst spannend“ dar. Er ist bewundernswert, „weil er das will, was er ist, und das ist, was er will, ohne Ende und ohne Grund.“

ist dazu da, begriffen zu werden oder an ihr festzuhalten. Und doch muß man einer jeden mit Ehrfurcht begegnen, wenn sie auftaucht, da sie die Autorität ihres Ursprungs trägt und perfekt zur jeweiligen Zeit und Gelegenheit paßt. Tatsächlich sind wir aber noch längst nicht durch mit diesen großartigen Erkenntnissen, die die Etappen des kopflosen Weges markieren. Wir haben noch einen langen Weg auf dieser Strecke vor uns. Außerdem wird das Gehen immer mühsamer und mühsamer. Eine gewaltige Barriere taucht auf...

7. Die Barriere

Ganz gleich, wie revolutionär die in den Etappen 5 und 6 gemachten Entdeckungen sind oder als wie wertvoll sie sich für das Leben erweisen: sie lassen den Wanderer letzten Endes zutiefst unzufrieden zurück. Was bleibt, ist ein Schmerz, ein undefinierbares Sehnen. Trotz all dieses echten spirituellen „Fortschritts" bleibt eine wichtige Region unbetreten oder zumindest ungenügend erforscht. Es ist ein dunkles und gefährliches, von Ungeheuern bewohntes Terrain, an dem aber kein Weg vorbeiführt. Es ist der Bereich des Willens. Über und unter all diesen erhellenden Vorgängen ist hier weiterhin unser unbekehrbares Ego am Werk und schuftet möglicherweise härter als je zuvor. Und so kommen wir zur Etappe 7 unseres Weges, die viel mehr wie eine Sackgasse oder ein unüberwindbares Hindernis aussieht als das, was es in Wahrheit ist: die eigentliche Testphase der Reise, schmerzvoll, aber obligatorisch.

Es ist eine enttäuschende und vielleicht recht niederschmetternde Entdeckung, daß das vollkommen klare und nahezu gewohnheitsmäßige Sehen in das Nichts hier (gestärkt durch all die ermutigenden Entwicklungen, die wir zuvor registriert haben) einhergehen kann mit einer Blindheit für ein massives Etwas hier – nämlich für den persönlichen, abgetrennten Willen bzw. für das Ego. Es ist, als wären das eigene Auge (Wahrnehmung) und der Kopf (Denken) geöffnet und von Licht durchflutet worden, Herz und Eingeweide dabei jedoch zumindest teilweise verschlossen und abgedunkelt geblieben. Als ob man sich *halb* ergeben hätte – der obere Teil vollständig, während der untere vielleicht wie verrückt protestiert. Die „höheren", bewußteren Regionen der Gesamtpersönlichkeit sind gewissermaßen zu einer anderen Meinung gelangt und haben sich von den „unteren", weniger bewußten Ebenen abgespalten. (In dieser Hinsicht kann man schlimmer dran sein als eine „unerleuchtete" Person, die sich auf *allen* Ebenen an ihrer frei erfundenen Dinglichkeit festhält und auf diese Weise einen ernsthaften inneren Zwiespalt vermeidet.) Die Folgen sind zunehmender unerklärlicher Streß, vielleicht schwere Depressionen, ein Gefühl von Wert- und Sinnlosigkeit. Ein schrecklicher Gedanke quält einen: Waren all der spirituelle „Fortschritt", die ganze Mühe, die uns bis zu dieser Barriere geführt haben, etwa bloß Zeitverschwendung, war alles gar nur Täuschung?

Darauf können wir unterschiedlich reagieren. Wir können uns tief enttäuscht mit dem traurigen Gefühl abwenden, daß dieser Weg des reinen Sehens wohl doch nicht so leicht ist, jedenfalls wesentlich schwieriger, als er zunächst aussah. Und so verlassen wir unseren steinigen Wüstenweg und probieren andere, besser gepflasterte, leichter begehbare und landschaftlich reizvollere Straßen aus, vielleicht buchen wir die eine oder andere der vielen geführten spirituellen Reisen, die allenthalben offeriert werden. Diese Reaktion ist ebenso verbreitet wie verständlich.

Eine weniger übliche Reaktion wäre es, an dieser Stelle innezuhalten und die besonderen Kräfte oder *Siddhis* einzusetzen und zu kultivieren, die wir schon mit dem Nach-innen-Sehen oder der Kopflosigkeit kennengelernt haben, und sie für begrenzte (wenngleich nicht unbedingt im engeren Sinne persönliche) Zwecke anzuwenden – für Ziele, die, wie vernünftig oder gar edel sie auch scheinen mögen, in Wirklichkeit vom getrennten Ego aufgestellt wurden. (Eigentlich kann sich kein Ego-Trip mit dem spirituellen Ego-Trip messen! Satan gilt als der erleuchteteste aller Engel. Die einzige spirituelle Qualität, die ihm fehlt, ist Demut, Hingabe. Zweifellos ist es nicht mehr als ein tief bedeutsamer Mythos, dennoch ist das Ego in uns allen schon teuflisch genug, und es ist zu allen möglichen Tricks und Kniffen imstande.) Zum Beispiel florieren heute ebenso wie in der Vergangenheit zahlreiche Spielarten von spirituellen Meistern, Wundertätern und Magiern, Führern groß angelegter Sekten, die ihren Kontakt mit dem, WAS sie sind, dahingehend auszunutzen versuchen (manchmal mit spektakulärem, wenn auch vorübergehendem Erfolg), das zu fördern, was sie *nicht* sind – nämlich ihre falsche Identität, ihre beschränkten Ziele, ihre Macht über andere, kurz ihr Ego[12]. Schlimmstenfalls ist das der Weg in den spirituellen Selbstmord. Bestenfalls ist es ein verführerisches Abstellgleis, das eine Zeitlang mehr als nur ein paar Reisende ablenkt!

Der wahre Weg führt geradewegs in und schließlich durch die Barriere, die in unserer westlichen Tradition „Dunkle Nacht der Seele" genannt wird. Von ihr schreibt Evelyn Underhill (eine Expertin): „Das Selbst hat in seiner ersten Reinigung den Spiegel der Wahrnehmung gesäubert und deshalb in seinem erhellten Leben die Wirklichkeit *gesehen*... Jetzt muß es Wirklichkeit *sein*: etwas ganz anderes. Dafür ist eine neue und radikalere Reinigung notwendig – nicht der Wahrnehmungsorgane, sondern ebendie des heiligen Schreins des Selbst: jenes ‚Herzens', das der Sitz der Persönlichkeit ist, die Quelle ihrer Liebe und ihres Willens." In gewissem Sinne ist das der eigentliche Beginn des Weges, des wahren spirituellen Lebens, das nichts anderes ist als Selbsthingabe, Selbstaufgabe, die verbriefte Unterschrift unter alles, was einem geschieht, Sterben als getrenntes und illu-

12 Kennzeichen eines solchen Führers ist, daß er, anstatt darauf zu bestehen, daß seine Anhänger nach ihrer innersten Quelle suchen und dementsprechend Verantwortung für ihr Leben übernehmen, sie darin bestärkt, auf ihn zu schauen und sich auf ihn zu verlassen. Er mag erklären, daß die Auslieferung an ihn, den äußeren Guru, ein erster Schritt dahin sei, sich dem inneren Guru, dem wahren Selbst, zu überantworten. Doch in der Praxis wird dieser zweite Schritt – der eine Kehrtwende erfordert – im Laufe der Monate und Jahre der wachsenden Verehrung wohl immer schwieriger. Wenn es dem Guru hingegen *wirklich* darum geht, daß seine Schüler sich so bald wie möglich von ihm freimachen und sich nach innen ihrer eigenen Selbständigkeit zuwenden, dann kennt er Wege, ihnen dazu zu verhelfen – mit dem Ergebnis, daß deren Liebe und Dankbarkeit nur um so tiefer werden.

sionäres Ego (ich bin ein Jemand) und Wiedergeborenwerden als das eine wahrhaft egolose Ego (ICH BIN). Man könnte sagen, jeglicher spirituelle „Fortschritt" bis zu diesem Punkt war nur Vorbereitung auf diesen wesentlichen und bei weitem schwierigsten Abschnitt des Weges, der schließlich zum Durchbruch führt.

8. Durchbruch

Dies hier läuft auf eine tiefgreifende Absichtserklärung hinaus. *Es ist die Erkenntnis auf Bauchebene (sozusagen), daß die eigene tiefste Sehnsucht darin besteht, daß alles so sein soll, wie es ist – weil man sieht, daß alles aus der eigenen wahren Natur, dem gewahren Raum hier fließt.*

Wie nun wird dieser Durchbruch vollzogen? Was kann man tun, um sich ihm zu nähern?

Gewisserweise gar nichts. Es ist kein Tun, sondern ein *Nicht*tun, ein Aufgeben, ein Loslassen der falschen Überzeugung, daß hier jemand ist, der loslassen kann. Was ist sonst noch zu tun? Schließlich war schon das erste Nach-innen-Sehen – ganz gleich wie „kurz" und „oberflächlich" – totale Selbsthingabe: Alles „hier" verschwand, oder vielmehr war klar, daß es „hier" nichts gibt, was verschwinden kann. *Es war der wesentliche Quantensprung von der eingebildeten Egozentrik zur Tatsache der Nullzentrik.* Und selbstverständlich sind die seitdem investierten Jahre des gewissenhaften Sehens – des Sehens, daß man bereits nichts und alles *ist* – eine äußerst wertvolle Vorbereitung auf die Entdeckung, daß man nichts und alles im tiefsten Grunde bereits *will*. Dann demonstriert stets das Leben selbst – wenn wir nur seine unfehlbar weisen, aber oft schmerzhaften Lektionen lernen –, daß das Erreichen unserer separaten und persönlichen Ziele lediglich kurzfristige Befriedigung bringt und danach Ernüchterung und Langeweile, wenn nicht sogar Abscheu. Während immer dann, wenn wir fähig sind, JA! zu unseren Lebensumständen zu sagen und alles, was auch immer passiert, aktiv zu wollen (statt sich passiv in die Umstände zu fügen), jene echte und dauerhafte Freude aufkommt, die in der östlichen Tradition *ananda* genannt wird.

Ist dieser Durchbruch also ein Fortschreiten vom Offenbaren zum Nichtoffenbaren, vom Gewöhnlichen zum Außergewöhnlichen, vom Weltlichen und Augenscheinlichen zu esoterischen, mystischen, tief verborgenen spirituellen Inhalten? Brauchen wir den Kompaß – nämlich unser kindliches Vertrauen in das Gegebene –, der uns bis hierher auf unserer langen Reise geleitet hat, nun nicht mehr? Ganz im Gegenteil. Die wahre Heimat des Gewöhnlichen, das Königreich des Offenbaren, dessen, WAS SO IST, liegt auf dieser Seite der Barriere. Wie sehr haben andererseits unsere Wünsche vor dem Durchbruch das verdunkelt, verzerrt und verborgen, was es zu sehen gab, und wie sehr haben wir es unseren emotionalen Anhaftungen – unserer Liebe und unserem Haß – erlaubt, in unsere zentrale Klarheit einzudringen, sie zu vernebeln und uns blind für das Wirkliche zu machen! Wie oft haben wir nur das gesehen, was wir sehen wollten, und wie oft hat unser Vorsatz unsere Aufmerksamkeit sabotiert! (Zwei Beispiele von

Wunschhalluzinationen: Ich wollte so verzweifelt mit diesen vollkommenen Menschen um mich herum mithalten, daß ich jahrzehntelang auch auf *diesem* Rumpf einen Kopf „sah". Und aus ganz ähnlichen Gründen „sahen" und zeichneten Menschen, die im 17. Jahrhundert durch Mikroskope blickten, menschliche Spermien als winzige und längliche menschliche Wesen!)

Auf jener Seite der Barriere untergräbt unser Wille das Offenbare; auf dieser Seite untergräbt das Offenbare unseren Willen. Die Barriere ist nichts anderes als ein geballter Abwehrversuch unseres Willens, unseres Egos, sie ist dessen eindrucksvollster, aber zugleich verzweifelter Widerstand gegen die ständige Attacke durch die unausweichlichen Fakten. Und was sie überwindet, ist mehr und mehr vom selben Realismus, von derselben dankbaren Ehrfurcht vor dem, WAS SO IST – vor dem einfach Gegebenen, dem unverhohlen Offensichtlichen –, das uns bis zur Barriere hingebracht hat. In Begriffen unserer westlichen Tradition formuliert besteht unser Durchbruch in unserer bedingungslosen und stets erneuerten Hingabe an den Willen Gottes, wie er sich perfekt in unseren Lebensumständen enthüllt – an Gottes Willen, der sich deutlich überall um uns herum und in uns in der Form all dessen zeigt, was gerade jetzt vor sich geht. *Insofern als sein Wille der unsere wird, sehen wir seine Welt, wie sie ist; und insofern als wir sie sehen, wie sie ist, wird unser Wille der seine, und wir begrüßen von Herzen alles, was uns die Welt bringt.* Kurz, hier verschmelzen unser Sehen und unser Wollen miteinander – natürlich nicht ein für allemal, sondern von Augenblick zu Augenblick, solange das Leben dauert.

Um dieses Zusammentreffen dessen, was wir sehen und was wir wollen, noch näher zu beleuchten, kommen wir noch einmal auf ein früher genanntes Zitat aus einer Predigt Buddhas zurück: „Nirvana ist in diesem Leben sichtbar, für den weisen Schüler einladend, anziehend und erreichbar.“ Was ist dieses so sichtbare Nirvana genau? In derselben Predigt wird es als „der Friede, das Höchste... das Ende des Verlangens, das Abwenden von der Begierde“ beschrieben. Hier endlich wird die Spaltung geheilt: Es gibt keine Wunde, die das Nichts, das so klar *gesehen* wird, von dem Nichts trennt, das jetzt tief *gefühlt* wird – als bedingungslose Hingabe des Willens, oder, um Buddhas Worte zu wiederholen, als das Ende des Verlangens.

Wenn wir überhaupt von Gipfelerfahrungen sprechen können, dann ist diese (wie Buddha uns versichert) die höchste von allen, und sie ist von den tiefsten der Talerfahrungen nicht zu trennen. Tiefe ist Höhe, andersherum gelesen; grenzenlose Erniedrigung ist grenzenlose Erhebung; totaler Selbstverlust ist totale Selbsterfüllung. So erreicht man endlich, was man will, indem man alle Verstellung aufgibt und man *man selbst* ist.

Jean-Pierre de Caussade, die große christliche Autorität für Hingabe, schreibt: „Wenn du alle Selbstbeschränkung aufgibst, deine Wünsche bis zu ihren äußersten Grenzen trägst, dein Herz bedingungslos öffnest, gibt es keinen einzigen Augenblick, in dem du nicht alles findest, was du möglicherweise wünschen kannst. Der gegenwärtige Augenblick enthält unendliche Reichtümer, die über deine kühnsten Träume hinausgehen.“

Zum Abschluß hier eine Zen-Geschichte – die ihrem

Stil nach zwar wie der krasse Kontrast hierzu wirkt, von der Substanz her aber genau dasselbe aussagt: Ein gewisser Meister hatte einen begabten Schüler. Er beschloß, ihn zu einem großen Lehrer zu schicken, der seiner Ausbildung den letzten Schliff geben und ihm den Weg zur krönenden Zen-Erfahrung weisen sollte. Zur Überraschung des Schülers erwies sich dieser beste aller Lehrer als arme und ziemlich kranke alte Frau, der er keine Lehre entlocken konnte. Aber am Ende enthüllte sie alles, und zwar Folgendes: „Ich habe keine Beschwerden!"

Dieses Meisterstück an Schlichtheit handelt – wie de Caussades enthusiastische Äußerung – vom Segen, von der höchsten Freude, die sich die ganze Zeit darin verbarg, ganz einfach (mit einer weisen und gesegneten Naivität) zu sehen, daß wir hier keinen Kopf haben, überhaupt nichts. Was für ein weiter Weg, um den Schatz zu finden, den wir die ganze Zeit über bei uns tragen!

Zusammenfassung und Schluß

Der hier beschriebene Weg – das Sehen ins Nichts – setzt die Kopflosigkeit ganz an den Beginn des spirituellen Lebens. Von Anfang an ist es „das wahre Sehen, das ewige Sehen", und es wird keineswegs ersetzt, verbessert oder verändert, während wir den Weg weitergehen. Es ist das durchdringende, aber sanfte Licht, das alle Etappen des Weges erhellt. Es ist das wunscherfüllende Juwel, das Gegebene – gleichermaßen geschmäht wie gefürchtet –, das sich am Ende als das erweist, was uns voller Liebe alles gibt, was wir wollen. Ferner ist es der Fels, das Fundament, welches das vielgeschossige Gefüge der Religion stützt, ein Gefüge, an dem permanent weitergebaut wird und das dauernd gefährlich schwankt – mal ganz Herz, mal ganz Kopf, mal asketisch, mal sinnlich, mal übersinnlich, oder mal bis-zum-Hals in der Politik etc. –, und solange wir unseren Standpunkt nicht auf diese Grundlage stellen, sind wir ein Stück weit aus dem Gleichgewicht, schwanken, pendeln zwischen Extremen. Und wiederum (die Metaphern für DAS sind unerschöpflich) ist es das Brot des Lebens selbst, das, wenn auch ohne Eigengeschmack, der *wahre* Nährstoff ist, und vor allem liefert es die Grundlage für die Leckerbissen – die spirituellen und mystischen Freuden –, die manchmal draufgestrichen sind. Zum Glück geht unserer Speisekammer das tägliche Brot nie aus, auch wenn die leckereren Aufstriche und Beilagen in unserer Nahrung oft fehlen.

Abgesehen davon müssen wir uns sputen zu wiederholen, daß unsere erste Erfahrung der Kopflosigkeit für sich allein genommen vergeblich ist, wenn sie nicht durch beständige Praxis und tiefes Verständnis plus (vor und über allem) Hingabe des separaten, persönlichen Willens aufrechterhalten wird. Von dieser flüchtigen Offenbarung läßt sich sagen, daß sie (obwohl sie mißbraucht werden kann) nie von sich aus irgend jemandem Schaden zugefügt hat, daß sie kurzfristig ein Fenster zur Ewigkeit öffnet und daß das Fenster (jetzt mit gelockertem Scharnier) in Gottes Wind jederzeit weit aufschwingen und schließlich weit geöffnet bleiben kann. Wir können darauf vertrauen, daß das, WAS wir sind, sich genau dann in aller Frische, Wärme und Brillanz offenbaren wird, wenn es sein soll.

NACHWORT

Angenommen, Sie möchten diesen Weg weitergehen. In diesem Fall könnten Sie etwa folgende Fragen haben: Wie mache ich von hier aus weiter? Bei wem soll ich weitere Führung und Ermutigung suchen? Welcher Gruppe könnte ich mich anschließen, um Unterstützung zu erhalten? Bei einer spirituellen Bewegung wie dem Kopflosen Weg, die genauso lebendig und unverwechselbar ist wie die meisten anderen, fällt es auf, wenn sie ohne Organisation auskommt. Insofern gleicht dieser Weg den Menschen, die ihn zu gehen beginnen, weil auch er ohne Kopf ist – insofern als es keine Autorität gibt, die den Vorsitz innehat, kein Führungsgremium, keine Zentrale und keine Angestellten, die sich um eine ordnungsgemäß registrierte und bezahlte Mitgliedschaft kümmern, sich regelmäßig treffen und versuchen, bestimmten Richtlinien einzuhalten.

Der Grund für jedes Fehlen von Struktur ist nicht etwa Laschheit oder gar Zurückhaltung, die Erfahrung, um die es in diesem Buch geht, zu verbreiten. Eher das Gegenteil. Er entsteht aus der Natur der Erfahrung selbst – als höchstes Selbstvertrauen. Oder genauer aus der vierfachen Erkenntnis, daß wirklich leben heißt, nach innen zu schauen und zu sehen, WER das tut, daß nur Sie in der Lage sind, diesen „WER" zu sehen, daß dieses Nach-innen-Schauen Sie zur Autorität für das macht, was am höchsten zählt, und daß Ihr Weg dementsprechend nicht mit einem von Anfang an durch dieses oder irgendein anderes Buch, durch eine Person oder ein System festgesetzten Muster übereinstimmen wird. Obwohl keines der hier beschriebenen acht Stadien umgangen werden kann, werden Sie vielleicht feststellen, daß Sie die späteren in einer anderen Reihenfolge abhandeln, und gewiß auf Ihre ganz eigene Art und Weise.

Von außen betrachtet, als Gruppierung selbsternannter kopfloser Charaktere, die ihr Ding machen, ist ihre scheinbare Anarchie gleichzeitig ein gewaltiger Nachteil (insofern, als eine Organisation nötig ist, um eine Sache ins Rollen zu bringen) und so etwas wie ein Vorteil (insofern, als Organisationen Probleme erzeugen, die genau das verdunkeln – wenn nicht gar untergraben –, um dessen Förderung willen sie gegründet wurden). Von innen betrachtet verliert diese weltliche Weisheit ihre Gültigkeit: Es geht uns hier nicht um Dinge, sondern um das Nichts, aus dem sie kommen, um das Undefinierbare, das jegliches Vorhaben, es groß herauszustellen und etwas daraus zu machen, auf Unsinn reduziert. Warum eine Gruppe oder eine Fraktion gründen – die

die Menschheit sogleich in uns erleuchtete Insider und die anderen, die umnachteten Outsider aufspaltet – eine Splittergruppe (Obacht bitte!), deren erklärtes Ziel es ist nachzuweisen, daß es *keine* solche Spaltung gibt, daß sie in Wirklichkeit wir *sind* und daß wir alle *schon jetzt* vollkommen erleuchtet sind?

Die Wahrheit ist, daß der Kopflose Weg gar kein Weg ist, kein Mittel, um irgendwohin zu kommen. Alles, was das Herz möglicherweise begehren könnte, ist von Anfang an frei verfügbar. Das unterscheidet diesen Weg so deutlich von Disziplinen und Kursen, die aus aufeinander aufbauenden Fortsetzungen bestehen, bei denen das eigentlich Wichtige erst eines fernen Tages geliefert wird, und es bis dahin diese Institution geben muß, um die Regeln festzulegen und das ganze zu verwalten. Wer wollte schon einer Einrichtung beitreten und gutes Geld dafür zahlen, wenn er – mit ausreichend Training – das, was er sieht, schon hat, und zwar in vollem Maße und im Überfluß?

Unser vorrangiges Ziel – ins Nichts sehen und aus ihm heraus leben – ist zwangsläufig resistent gegen Organisationen. Für alle anderen Zwecke steht es uns frei, nach Belieben irgendwelchen Organisationen beizutreten. Keine eigene „Kirche" zu haben bedeutet für uns, daß wir für andere nur eine minimale Herausforderung darstellen und hoffentlich fähig bleiben, von ihnen zu lernen und ihnen etwas zu geben. Und tatsächlich empfindet es manch einer unserer „kopflosen" Freunde als hilfreich, irgendeiner etablierten religiösen oder quasireligiösen Gemeinschaft anzugehören. Der Kopflose aber bleibt der Einzige, sieht sich selbst als das All-Eine und stellt sich seiner Einsamkeit. Auf dieser Ebene gibt es keine anderen.

Trotzdem – und jetzt zur Ebene wechselnd, wo die anderen existieren – dürfen die Schwierigkeiten dabei, dieses Sehen alleine aufrechtzuerhalten, den Weg allein zu gehen, nicht unterschätzt werden. Für die meisten von uns, die wir uns auf dieses höchst gewagte und anspruchsvolle Abenteuer eingelassen, ist die Begleitung durch Weggefährten unentbehrlich. Dementsprechend wäre es unrealistisch oder schlimmer noch unverantwortlich und gefühllos, würden wir andere Menschen dazu ermuntern, sich die Botschaft dieses Buches zu Herzen zu nehmen, es aber zugleich unterlassen, sie mit aller erdenklichen eigenen Unterstützung zu begleiten. Und in der Tat können wir den Lesern, die entschlossen sind weiterzumachen, einiges anbieten:

Als erstes und wichtigstes wären da liebe Freunde zu nennen, ein Netzwerk von Sehern – lose verstreut, völlig informell –, die alle möglichen Mittel nutzen, um untereinander Kontakt zu halten. Zum zweiten bietet die Website www.headless.org Unterstützung in dieser Richtung. Drittens gibt es neben der großen, wertvollen (und immer reichhaltiger verfügbaren) mystischen Literatur aus aller Welt – mystisch in dem Sinne, daß sie auf unsere wahre Natur verweist – eine kleine Anzahl von Büchern und anderen Hilfsmitteln des Autors. Näheres dazu findet sich auf www.headless.org. Viertens und letztens: Auch wenn sich kopflose Freunde vielleicht nur schwer finden lassen, ist es möglicherweise doch einfacher als man denkt, sich welche zu machen. Trotz aller Widerstände ist der Zustand ansteckend und auf einzigartige Weise kommunizierbar. Jedenfalls besteht eine der besten Methoden, ihn beizubehalten, darin, ihn weiterzugeben.

Doch letzten Endes sind alle derartigen Überlegungen und Behelfe eher nebensächlich. Denn zu dieser Sicht kommen wir nicht als Menschen – als so viele getrennte Individuen, die einander helfen zu sehen, WER sie wirklich sind –, sondern (mit den Worten der Upanishaden) als „der Eine Seher in allen Wesen". Das Selbst zu sehen ist wahrlich das Vorrecht und die Besonderheit des Einen, und schlimmstenfalls sind all unsere Bemühungen – ob organisiert oder chaotisch –, dieses Sehen herbeizuführen, höchst amüsant.

Um also unsere Ausgangsfrage wieder aufzugreifen: Wohin gehen wir jetzt? Die Antwort lautet: nirgendwohin. Lassen Sie uns entschlossen genau hier bleiben und das sehen und sein, was die Offensichtlichkeit selbst ist, und die Konsequenzen tragen. Sie werden gut sein.

Weitere Titel aus dem Omega-Verlag

Jed McKenna
Spirituell unkorrekte Erleuchtung
Ausbrechen in die Freiheit
368 S. • geb. m Schutzumschlag • € 19,80 [D] • ISBN 978-3-930243-34-1

Jed McKenna
Spirituelle Dissonanz
wie mensch erwachsen wird
432 S. • geb. m Schutzumschlag • € 19,80 [D] • ISBN 978-3-930243-47-1

Edi Mann
Der Grenzwächter
Durchbrechen der torlosen Schranke
240 S. • Flexoband • € 14,95 [D] • ISBN 978-3-930243-65-5

Werner Ablass
Gar nichts tun und alles erreichen
Entdecke deine wahre Natur
272 S. • geb. m Schutzumschlag • € 14,– [D] • ISBN 978-3-930243-36-5

Werner Ablass
Suche nicht – sei!
Werner Ablass über Nondualität
104 S. • gebunden • € 9,50 [D] • ISBN 978-3-930243-64-8

Hermann R. Lehner
Flieg – du bist schon frei
Nisarga, das Erkennen deines natürlichen, spontanen Zustands
320 S. • gebunden • € 15,80 [D] • ISBN 978-3-930243-39-6

Hermann R. Lehner
Was suchst du?
Rückkehr in die Realität
176 S. • gebunden • € 13,50 [D] • ISBN 978-3-930243-50-1

Zu beziehen in jeder guten Buchhandlung

Omega®-Verlag G. Bongart & M. Meier (GbR)
Karlstr. 32 D-52080 Aachen
Tel.: 0241-16 81 630 • Fax: 0241-16 81 633
e-mail: info@omega-verlag.de http://www.omega-verlag.de

Fordern Sie auch unser kostenloses Verlagsverzeichnis an!